心一堂術數珍本古籍叢刊

書名：子平玄理
系列：心一堂術數古籍珍本叢刊　星命類　第一輯　35
作者：〔民國〕施惕君
主編、責任編輯：陳劍聰
心一堂術數古籍珍本叢刊編校小組：陳劍聰　素聞　梁松盛　鄒偉才　虛白盧主

出版：心一堂有限公司
地址／門市：香港九龍尖沙咀東麼地道六十三號好時中心LG 六十一室
電話號碼：+852-6715-0840　+852-3466-1112
網址：sunyata.cc
publish.sunyata.cc
電郵：sunyatabook@gmail.com
網上書店：http://book.sunyata.cc
網上論壇：http://bbs.sunyata.cc/

版次：二零一四年十二月初版
平裝

港幣　九十八元正
定價：人民幣　九十八元正
新台幣　三百八十元正

國際書號：ISBN 978-988-8266-84-5

香港及海外發行：香港聯合書刊物流有限公司
地址：香港新界大埔汀麗路三十六號中華商務印刷大廈三樓
電話號碼：+852-2150-2100
傳真號碼：+852-2407-3062
電郵：info@suplogistics.com.hk

台灣發行：秀威資訊科技股份有限公司
地址：台灣台北市內湖區瑞光路七十六巷六十五號一樓
電話號碼：+886-2-2796-3638
傳真號碼：+886-2-2796-1377
網絡書店：www.bodbooks.com.tw
台灣讀者服務中心：國家書店
地址：台灣台北市中山區松江路二〇九號一樓
電話號碼：+886-2-2518-0207
傳真號碼：+886-2-2518-0778
網絡書店：http://www.govbooks.com.tw/

中國大陸發行・零售：心一堂書店
深圳地址：中國深圳羅湖立新路六號東門博雅負一層零零八號
電話號碼：+86-755-8222-4934
北京地址：中國北京東城區雍和宮大街四十號
心一店淘寶網：http://sunyatacc.taobao.com

心一堂術數古籍 珍本整理 叢刊 總序

術數定義

術數，大概可謂以「推算（推演）、預測人（個人、群體、國家等）、事、物、自然現象、時間、空間方位等規律及氣數，並或通過種種『方術』，從而達致趨吉避凶或某種特定目的」之知識體系和方法。

術數類別

我國術數的內容類別，歷代不盡相同，例如《漢書・藝文志》中載，漢代術數有六類：天文、曆譜、五行、蓍龜、雜占、形法。至清代《四庫全書》，術數類則有：數學、占候、相宅相墓、占卜、命書、相書、陰陽五行、雜技術等，其他如《後漢書・方術部》、《藝文類聚・方術部》、《太平御覽・方術部》等，對於術數的分類，皆有差異。古代多把天文、曆譜、及部分數學均歸入術數類，而民間流行亦視傳統醫學作為術數的一環；此外，有些術數與宗教中的方術亦往往難以分開。現代民間則常將各種術數歸納為五大類別：命、卜、相、醫、山，通稱「五術」。

本叢刊在《四庫全書》的分類基礎上，將術數分為九大類別：占筮、星命、相術、堪輿、選擇、三式、讖諱、理數（陰陽五行）、雜術（其他）。而未收天文、曆譜、算術、宗教方術、醫學。

術數思想與發展——從術到學，乃至合道

我國術數是由上古的占星、卜筮、形法等術發展下來的。其中卜筮之術，是歷經夏商周三代而通過「龜卜、蓍筮」得出卜（筮）辭的一種預測（吉凶成敗）術，之後歸納並結集成書，此即現傳之《易

經》。經過春秋戰國至秦漢之際，受到當時諸子百家的影響、儒家的推崇，遂有《易傳》等的出現，原本是卜筮術書的《易經》，被提升及解讀成有包涵「天地之道（理）」之學。因此，《易・繫辭傳》曰：「易與天地準，故能彌綸天地之道。」

漢代以後，易學中的陰陽學說，與五行、九宮、干支、氣運、災變、律曆、卦氣、讖緯、天人感應說等相結合，形成易學中象數系統。而其他原與《易經》本來沒有關係的術數，如占星、形法、選擇，亦漸漸以易理（象數學說）為依歸。《四庫全書・易類小序》云：「術數之興，多在秦漢以後。要其旨，不出乎陰陽五行，生尅制化。實皆《易》之支派，傳以雜說耳。」至此，術數可謂已由「術」發展成「學」。

及至宋代，術數理論與理學中的河圖洛書、太極圖、邵雍先天之學及皇極經世等學說給合，通過術數以演繹理學中「天地中有一太極，萬物中各有一太極」（《朱子語類》）的思想。術數理論不單已發展至十分成熟，而且也從其學理中衍生一些新的方法或理論，如《梅花易數》、《河洛理數》等。

在傳統上，術數功能往往不止於僅僅作為趨吉避凶的方術，及「能彌綸天地之道」的學問，亦有其「修心養性」的功能，「與道合一」（修道）的內涵。《素問・上古天真論》：「上古之人，其知道者，法於陰陽，和於術數。」數之意義，不單是外在的算數、歷數、氣數，而是與理學中同等的「道」、「理」--心性的功能，北宋理氣家邵雍對此多有發揮：「聖人之心，是亦數也」、「萬化萬事生乎心」、「心為太極」。《觀物外篇》：「先天之學，心法也。……蓋天地萬物之理，盡在其中矣，心一而不分，則能應萬物。」反過來說，宋代的術數理論，受到當時理學、佛道及宋易影響，認為心性本質上是等同天地之太極。天地萬物氣數規律，能通過內觀自心而有所感知，即是內心也已具備有術數的推演及預測、感知能力；相傳是邵雍所創之《梅花易數》，便是在這樣的背景下誕生。

《易・文言傳》已有「積善之家，必有餘慶；積不善之家，必有餘殃」之說，至漢代流行的災變說及讖緯說，我國數千年來都認為天災，異常天象（自然現象），皆與一國或一地的施政者失德有關；下至家族、個人之盛衰，也都與一族一人之德行修養有關。因此，我國術數中除了吉凶盛衰理數之外，人心的德行修養，也是趨吉避凶的一個關鍵因素。

術數與宗教、修道

在這種思想之下，我國術數不單只是附屬於巫術或宗教行為的方術，又往往是一種宗教的修煉手段--通過術數，以知陰陽，乃至合陰陽（道）。「其知道者，法於陰陽，和於術數。」例如，「奇門遁甲」術中，即分為「術奇門」與「法奇門」兩大類。「法奇門」中有大量道教中符籙、手印、存想、內煉的內容，是道教內丹外法的一種重要外法修煉體系。甚至在雷法一系的修煉上，亦大量應用了術數內容。此外，相術、堪輿術中也有修煉望氣（氣的形狀、顏色）的方法；堪輿家除了選擇陰陽宅之吉凶外，也有道教中選擇適合修道環境（法、財、侶、地中的地）的方法，以至通過堪輿術觀察天地山川陰陽之氣，亦成為領悟陰陽金丹大道的一途。

易學體系以外的術數與的少數民族的術數

我國術數中，也有不用或不全用易理作為其理論依據的，如揚雄的《太玄》、司馬光的《潛虛》。也有一些占卜法、雜術不屬於《易經》系統，不過對後世影響較少而已。

外來宗教及少數民族中也有不少雖受漢文化影響（如陰陽、五行、二十八宿等學說。）但仍自成系統的術數，如古代的西夏、突厥、吐魯番等占卜及星占術，藏族中有多種藏傳佛教占卜術、苯教占卜術、擇吉術、推命術、相術等；北方少數民族有薩滿教占卜術；不少少數民族如水族、白族、布朗族、佤族、彝族、苗族等，皆有占雞（卦）草卜、雞蛋卜等術，納西族的占星術、占卜術，彝族畢摩的推命術、占卜術……等等，都是屬於《易經》體系以外的術數。相對上，外國傳入的術數以及其理論，對我國術數影響更大。

曆法、推步術與外來術數的影響

我國的術數與曆法的關係非常緊密。早期的術數中，很多是利用星宿或星宿組合的位置（如某星在某州或某宮某度）付予某種吉凶意義，并據之以推演，例如歲星（木星）、月將（某月太陽所躔之宮次）等。不過，由於不同的古代曆法推步的誤差及歲差的問題，若干年後，其術數所用之星辰的位置，已與真實星辰的位置不一樣了；此如歲星（木星），早期的曆法及術數以十二年為一周期（以應地支），與木星真實周期十一點八六年，每幾十年便錯一宮。後來術家又設一「太歲」的假想星體來解決，是歲星運行的相反，週期亦剛好是十二年。而術數中的神煞，很多即是根據太歲的位置而定。又如六壬術中的「月將」，原是立春節氣後太陽躔娵訾之次而稱作「登明亥將」，至宋代，因歲差的關係，要到雨水節氣後太陽才躔娵訾之次，當時沈括提出了修正，但明清時六壬術中「月將」仍然沿用宋代沈括修正的起法沒有再修正。

由於以真實星象周期的推步術是非常繁複，而且古代星象推步術本身亦有不少誤差，大多數術數除依曆書保留了太陽（節氣）、太陰（月相）的簡單宮次計算外，漸漸形成根據干支、日月等的各自起例，以起出其他具有不同含義的眾多假想星象及神煞系統。唐宋以後，我國絕大部分術數都主要沿用這一系統，也出現了不少完全脫離真實星象的術數，如《子平術》、《紫微斗數》、《鐵版神數》等。後來就連一些利用真實星辰位置的術數，如《七政四餘術》及選擇法中的《天星選擇》，也已與假想星象及神煞混合而使用了。

隨着古代外國曆（推步）、術數的傳入，如唐代傳入的印度曆法及術數，元代傳入的回回曆等，其中我國占星術便吸收了印度占星術中羅睺星、計都星等而形成四餘星，又通過阿拉伯占星術而吸收了其中來自希臘、巴比倫占星術的黃道十二宮、四大（四元素）學說（地、水、火、風），並與我國傳統的二十八宿、五行說、神煞系統並存而形成《七政四餘術》。此外，一些術數中的北斗星名，不用我國傳統的星名：天樞、天璇、天璣、天權、玉衡、開陽、搖光，而是使用來自印度梵文所譯的：貪狼、巨門、祿存、文曲，廉貞、武曲、破軍等，此明顯是受到唐代從印度傳入的曆法及占星術所影響。如星命術中的《紫微斗數》及堪輿術中的《撼龍經》等文獻中，其星皆用印度譯名。及至清初《時憲曆》，置閏之法則改用西法「定氣」。清代以後的術數，又作過不少的調整。

此外，我國相術中的面相術、手相術，唐宋之際受印度相術影響頗大，至民國初年，又通過翻譯歐西、日本的相術書籍而大量吸收歐西相術的內容，形成了現代我國坊間流行的新式相術。

陰陽學——術數在古代、官方管理及外國的影響

術數在古代社會中一直扮演着一個非常重要的角色，影響層面不單只是某一階層、某一職業、某一年齡的人，而是上自帝王，下至普通百姓，從出生到死亡，不論是生活上的小事如洗髮、出行等，大事如建房、入伙、出兵等，從個人、家族以至國家，從天文、氣象、地理到人事、軍事，從民俗、學術到宗教，都離不開術數的應用。我國最晚在唐代開始，已把以上術數之學，稱作陰陽（學），行術數者稱陰陽人。（敦煌文書、斯四三二七唐《師師漫語話》：「以下說陰陽人謾語話」，此說法後來傳入日本，今日本人稱行術數者為「陰陽師」）。一直到了清末，欽天監中負責陰陽術數的官員中，以及民間術數之士，仍名陰陽生。

古代政府的中欽天監（司天監），除了負責天文、曆法、輿地之外，亦精通其他如星占、選擇、堪輿等術數，除在皇室人員及朝庭中應用外，也定期頒行日書、修定術數，使民間對於天文、日曆用事吉凶及使用其他術數時，有所依從。

我國古代政府對官方及民間陰陽學及陰陽官員，從其內容、人員的選拔、培訓、認證、考核、律法監管等，都有制度。至明清兩代，其制度更為完善、嚴格。

宋代官學之中，課程中已有陰陽學及其考試的內容。（宋徽宗崇寧三年〔一一零四年〕崇寧算學令：「諸學生習……並曆算、三式、天文書。」「諸試……三式即射覆及預占三日陰陽風雨。天文即預

定一月或一季分野災祥，並以依經備草合問為通。」

金代司天臺，從民間「草澤人」（即民間習術數人士）考試選拔：「其試之制，以《宣明曆》試推步，及《婚書》、《地理新書》試合婚、安葬，並《易》筮法，六壬課、三命、五星之術。」（《金史》卷五十一·志第三十二·選舉一）

元代為進一步加強官方陰陽學對民間的影響、管理、控制及培育，除沿襲宋代、金代在司天監掌管陰陽學及中央的官學陰陽學課程之外，更在地方上增設陰陽學課程（《元史·選舉志一》：「世祖至元二十八年夏六月始置諸路陰陽學。」）地方上也設陰陽學教授員，培育及管轄地方陰陽人。（《元史·選舉志一》：「（元仁宗）延祐初，令陰陽人依儒醫例，於路、府、州設教授員，凡陰陽人皆管轄之，而上屬於太史焉。」）自此，民間的陰陽術士（陰陽人），被納入官方的管轄之下。

至明清兩代，陰陽學制度更為完善。中央欽天監掌管陰陽學，明代地方縣設陰陽學正術，各州設陰陽學典術，各縣設陰陽學訓術。陰陽人從地方陰陽學肄業或被選拔出來後，再送到欽天監考試。（《大明會典》卷二二三：「凡天下府州縣舉到陰陽人堪任正術等官者，俱從吏部送（欽天監），考中，送回選用；不中者發回原籍為民，原保官吏治罪。」）清代大致沿用明制，凡陰陽術數之流，悉歸中央欽天監及地方陰陽官員管理、培訓、認證。至今尚有「紹興府陰陽印」、「東光縣陰陽學記」等明代銅印，及某某縣某某之清代陰陽執照等傳世。

清代欽天監漏刻科對官員要求甚為嚴格。《大清會典》「國子監」規定：「凡算學之教，設肄業生。滿洲十有二人，蒙古、漢軍各六人，於各旗官學內考取。漢十有二人，於舉人、貢監生童內考取。附學生二十四人，由欽天監選送。教以天文演算法諸書，五年學業有成，舉人引見以欽天監博士用，貢監生童以天文生補用。」學生在官學肄業、貢監生肄業或考得舉人後，經過了五年對天文、算法、陰陽學的學習，其中精通陰陽術數者，會送往漏刻科。而在欽天監供職的官員，《大清會典則例》「欽天監」規定：「本監官生三年考核一次，術業精通者，保題升用。不及者，停其升轉，再加學習。如能黽勉供職，即予開復。仍不及者，降職一等，再令學習三年，能習熟者，准予開復，仍不能者，黜退。」除定期考核以定其升用降職外，《大清律例》中對陰陽術士不準確的推斷（妄言禍福）是要治罪的。《大清律例·一七八·術七·妄言禍福》：「凡陰陽術士，不許於大小文武官員之家妄言禍福，違者杖一百。其依經推算星命卜課，不在禁限。」大小文武官員延請的陰陽術士，自然是以欽天監漏刻科官員或地方陰陽官員為主。

官方陰陽學制度也影響鄰國如朝鮮、日本、越南等地，一直到了民國時期，鄰國仍然沿用着我國的多種術數。而我國的漢族術數，在古代甚至影響遍及西夏、突厥、吐蕃、阿拉伯、印度、東南亞諸國。

術數研究

術數在我國古代社會雖然影響深遠，「是傳統中國理念中的一門科學，從傳統的陰陽、五行、九宮、八卦、河圖、洛書等觀念作大自然的研究。……傳統中國的天文學、數學、煉丹術等，要到上世紀中葉始受世界學者肯定。可是，術數還未受到應得的注意。術數在傳統中國科技史、思想史，文化史、社會史，甚至軍事史都有一定的影響。……更進一步了解術數，我們將更能了解中國歷史的全貌。」（何丙郁《術數、天文與醫學中國科技史的新視野》，香港城市大學中國文化中心。）

可是術數至今一直不受正統學界所重視，加上術家藏秘自珍，又揚言天機不可洩漏，「（術數）乃吾國科學與哲學融貫而成一種學說，數千年來傳衍嬗變，或隱或現，全賴一二有心人為之繼續維繫，賴以不絕，其中確有學術上研究之價值，非徒癡人說夢，荒誕不經之謂也。其所以至今不能在科學中成立一種地位者，實有數因。蓋古代士大夫階級目醫卜星相為九流之學，多恥道之；而發明諸大師又故為惝恍迷離之辭，以待後人探索；間有一二賢者有所發明，亦秘莫如深，既恐洩天地之秘，復恐譏為旁門左道，始終不肯公開研究，成立一有系統說明之書籍，貽之後世。故居今日而欲研究此種學術，實一極困難之事。」（民國徐樂吾《子平真詮評註》，方重審序）

現存的術數古籍，除極少數是唐、宋、元的版本外，絕大多數是明、清兩代的版本。其內容也主要是明、清兩代流行的術數，唐宋或以前的術數及其書籍，大部分均已失傳，只能從史料記載、出土文獻、敦煌遺書中稍窺一鱗半爪。

術數版本

坊間術數古籍版本，大多是晚清書坊之翻刻本及民國書賈之重排本，其中豕亥魚魯，或任意增刪，往往文意全非，以至不能卒讀。現今不論是術數愛好者，還是民俗、史學、社會、文化、版本等學術研究者，要想得一常見術數書籍的善本、原版，已經非常困難，更遑論如稿本、鈔本、孤本等珍稀版本。在文獻不足及缺乏善本的情況下，要想對術數的源流、理法、及其影響，作全面深入的研究，幾不可能。

有見及此，本叢刊編校小組經多年努力及多方協助，在海內外搜羅了二十世紀六十年代以前漢文為主的術數類善本、珍本、鈔本、孤本、稿本、批校本等數百種，精選出其中最佳版本，分別輯入兩個系列：

一、心一堂術數古籍珍本叢刊

二、心一堂術數古籍整理叢刊

前者以最新數碼（數位）技術清理、修復珍本原本的版面，更正明顯的錯訛，部分善本更以原色彩色精印，務求更勝原本。并以每百多種珍本、一百二十冊為一輯，分輯出版，以饗讀者。

後者延請、稿約有關專家、學者，以善本、珍本等作底本，參以其他版本，古籍進行審定、校勘、注釋，務求打造一最善版本，方便現代人閱讀、理解、研究等之用。

限於編校小組的水平，版本選擇及考證、文字修正、提要內容等方面，恐有疏漏及舛誤之處，懇請方家不吝指正。

心一堂術數古籍 珍本 整理 叢刊編校小組

二零零九年七月序

二零一四年九月第三次修訂

乾乾廬施惕君著

子平玄理

江朝宗題

上將軍印

乾

命書

乾理之一

盧叢

子平玄理：價洋壹元

目錄

目錄

自序

世事滄桑。悉關造化。人生貴賤。全在五行。故凡知命者。順天守分。循規蹈矩。則爲仁爲義。不知命者。貪婪無厭。胡行妄作。則爲匪爲盜。先賢有言。達人知命。是則命理。豈可不重視歟。子平一學。根源甚深。確有至理存在。並非虛僞炫世之術。苟能明其妙諦。徹其堂奧。一生否泰。瞭若指掌。用以指迷勸人。非無裨益。雖曰哲理。實近道學。惕君於此。得自世傳。從幼精研。迄今垂四十載。以經驗之所得。難藏鳩拙。爰一一筆之於書。梓印或帙。但從事倉卒。不無掛漏。未然之處。幸 垂教焉。是爲序

民國二十七年三月浙蕭施惕君序於北京宣內知義伯大院十八號乾乾廬

五行總論

四時寒暖。雖屬陰陽。人生貴賤。全憑五行。然陰陽之氣。順逆無常。五行生尅。變幻瞬息。是故天有不測風雲。人有旦夕禍福。六十甲子。循次廻環。陰陽五行。隨而運轉。人命將此。配合八字。取其生尅之理。以判吉凶。天干有十。其性好動。得化便化。可從則從。支有十二。其性主靜。合一不合二。既合不復冲。干爲主體。支作憑依。支無干不顯。干無支無依。天干有虧。地支可補。地支不足。干不下顧。相生者異性親愛。相尅者同性勢兇。印綬。正官。財星。食神。爲喜神。傷官。七煞。比刼。梟印。爲忌神。喜者。宜生之扶之。忌者。宜剋之洩之。喜神得用。本其吉慶。而爲我享。忌神受使。伏其兇禍。行我威福。喜神嫌旺。爲患尙輕。忌神相遇。災殃立見。五行平衡。曰富曰貴。太過不及。非夭即貧。有官斯貴。無印不榮。經商致富。干支必見財星。足食豐衣。四柱定有食神。終身襤褸。多因財源被刼。暴戾凶頑。皆爲七煞專横。伎倆巧妙。而成事業者。傷官用事。慳吝斯詐。以求名利者。梟印透天。官若被傷。應行賄賂。兄弟奪產。須到公堂。賊勢猛烈仗手足。洩氣太重求椿萱。一局之內。有用不免有病。去病生用爲吉。助病剝用多凶。造化喜忌。雖爲八字固定。然亦有因運爲轉移。人生貴賤。本屬落地生成。然亦有應時而起伏。是以富貴。全仗運氣。時勢。可造英雄。太平之年。正貴居勢。亂世之秋。傷煞專權。世事倚關造化。孰曰命理無憑。

十干生死

甲乙屬木。性同質異。甲爲叢林大樹。幹壯葉茂。謂之陽木。須水滋養。產在瀕河近水之鄉。故生於亥。惟忌旺火燃燒。則幹枝成灰。故死於午。木不南奔。甲之謂也。乙得甲之剩根。經雨露之滋潤。氣候之得時。復萌新枝。譬之花果細卉。體質柔弱。謂之陰木。喜火暖和。以溫其體。故生於午。倘遇大水經流。則幹拔枝漂。故死於亥。水泛木浮。乙之稱也。

丙丁屬火。性同質異。丙爲山林巨火。光充炎烈。謂之陽火。須木生燃。發自林木蒼萃之所。故生於寅。惟忌塊物塡壓。則光收炎息。故死於酉。火不經酉。丙之謂也。丁得丙之餘烟。藉微風之吹送。草木之生助。餘烟復燃。比之燈光細火。光低炎微。謂之陰火。喜金屬盆盞之類。衞護其體。故生於酉。倘經大木逼制。則光炎息滅。故死於寅。木旺而火息。可以喻丁。

庚辛屬金。性同質異。庚爲五金鑛質。偉然巨塊。謂之陽金。賴土積成。產自燥土累積之所。故生於巳。惟畏大水冲涮。則糜爛剝落。故死於子。金寒水冷。庚之謂也。辛得庚之殘塊。經水蕩漾。去腐留精。而成至堅之物。謂之陰金。喜水涵養。故生於子。倘經旺火煆煉。久必融化。故死於巳。金懼火鄉。辛之稱也。

壬癸屬水。性同質異。壬爲山洪暴水。泛濫流急。謂之陽水。須金生之。發自金旺融水之方。故生於申。惟忌叢林阻擋。則散爲細流。故死於卯。水不東流。壬之謂也。癸得壬之細流。賴天雨之助。地勢之便。而爲澗溪河渠之水。謂之陰水。須木疏達。以暢其流。故生於卯。倘經土石阻塞。則流爲竭。故死於申。水西行而流阻。可以喻癸。

戊己之土。散在四維。生無專處。死無定域。按子平遺法。丙戊均生寅。丁己均生酉。子隨母義。然土本爲五行之主宰。按每年節氣而論。土占十二分之四。其他四行。僅各占十二分之二。安有旣偉且大之一行。不能自立。而以依母爲生。又照八卦而論。水土均生申。申居坤位。坤固屬土。然土旺在未。至申已退氣。以上兩說。俱非至理。命理經驗。亦每不符合。茲以愚見所得。戊土當發育在巳午。旺於辰戌。敗絕於亥子。己土發育在午巳。旺於丑未。敗絕於子亥。不知此言。以爲然否。

十干化氣

天干之性好動。凡陰陽有情者。相見必合。每合則化。本質雖不變更。然無形中多出一物。謂之化氣。無論原命八字。或歲運見之皆同。五行旺。化氣重。五行衰。化氣輕。如丁壬化木。局中甲乙寅卯多。則重。反之則輕。即使重見奪合。其氣亦增加一層。此種無形之物。關係極重。且其所化之氣。陰陽通變。喜者更喜。忌者更忌。如化財官印食則喜。比刧傷煞則忌。書曰。化之眞者。名公巨卿。化之假者。孤兒異姓。即指化氣喜忌而言也。行運遇此。又有合來合去之分。喜神合來吉。合去凶。忌神合去吉。合來凶。月干爲重。他干次之。譬如甲日得月干之辛。運干見丙。謂之官被合去。主凶。然此合化爲印綬。官印相生。吉凶兩抵。故不覺爲患。又如六丙以月干之癸爲官。運干遇戊。非特官被合去。且化爲比肩。如無解救。立見災患。

比肩

甲見甲乙見乙等。俱曰比肩。比肩者。比和並肩之義也。此物見財則刧。見官印則奪。遇之分福。故每以爲嫌。然能擋七煞。生食神。身弱遇之。亦能分憂。總以害多利少。故謂忌神。除去之道。惟賴七煞。洩化之功。全仗傷食。陰陽名稱雖同。輕重稍有分別。玆爲例以分述之。

甲見甲等。曰陽比肩。譬如六甲日。月干得甲。則爲終身大害。才將不聚。官將不成。年干見財。多爲敗家子。祖產蕩盡。飄流靡定。見官印。盡被分奪。福澤俱消。見煞。能去其病。既不受比肩之害。亦得不着七煞之凶。故爲最宜。見傷食。能洩化十分之五。減輕其害。　時干見財。一生爲財奔波。入不敷出。到老受貧。見官印分奪較輕。倘得運助。尚有可爲。蓋日時比鄰。所謂近水樓臺先得月也。見煞。則日元首當其衝。去病之功未見。七煞之患先臨矣。見傷食。則喜。運干見財。不免損貲產。傷人口。官訟是非。禍患百出。凡遇此而見財者。爲禍最烈。如見官印分奪。較時干爲重。不易振奮。見煞。能去十七之病。日元亦受三分之尅。身強者。反作權威。每以爲吉。見傷食。亦能去害。轉禍爲福。至重見比刼。爲患更烈。年時運三干相同。　又如六甲日。時干或年干得甲。爲害雖較月干爲輕。然無除去之道。洩化之功。除月干外。其他亦難爲力矣。

乙見乙曰陰比肩。譬如六乙日。月干得乙。亦爲終身大害。年干見正財。祖產每爲弟兄所分散。享受無多。見偏財。又不免爲放唐子。傷盡遺業。不務正經。見官星。賴以成名。洵爲吉兆。見煞。禍害潛去。功名可圖。見印。榮華奪盡。 時干見正財。終身勞苦。不得安閒。見偏財。衣食不給。貧乏到老。見官。分奪貴氣。發福不厚。見煞。去病無功。身反受害。見印。我多彼少。分去無幾。 運干見正財。爲財辛勤。隨來隨去。徒耗心血。見偏財。破敗立見。災殃叢生。見官星。貴氣合來。反禍爲福。見七煞。利多害少。身強功名有準。若見印綬。三七分潤。如年時運三干見傷食。洩化功用。與陽比肩相同。俱以傷官爲得力。食神次之。如三干重見比劫。則禍患更烈矣。 又如六乙日。年干或時干得乙。大概情形。與上述無分。至於運干遇乙。無論陰陽。局中切忌見財。見則身敗名裂。災禍立見。月干爲重。時干年干次之。以上所述。無非陰陽與地位大概之分。若論輕重。則在隨時較量。不勝備述矣。

劫財

甲見乙乙見甲等。俱曰劫財。劫財之義。劫奪財星之謂也。此物爲害。與比肩相同。故亦謂忌神。陰陽分辨。陽劫爲重。陰劫次之。乙見甲。丁見丙。曰陽劫。甲見乙。丙見丁。曰陰劫。陽劫遇正財直剋。偏財奪合。雖刮盡淨。絲毫不留。陰劫惟直剋正財。對於偏財。不過剝削。尚留數分之殘餘。至於奪印綬。陰陽相等。助傷官功能不分。生扶食神。陽劫得力。制化七煞。陰劫功高。除去之道。須有官煞。洩化之功。惟仗傷食。倘若月干得此。亦爲終身大害。福不十全。地位前後與比肩相同。恕不備述矣。

食神

甲見丙乙見丁等。俱曰食神。食神者。福食之神也。此物能制七煞。化比劫。生財星。惟合化之間。陰陽不同。甲見丙曰陽食神。能合官星。乙見丁曰陰食神。能合印綬。人命遇此。每多衣食豐厚。優游自足。故爲喜神。喜身旺。有比劫生助忌見梟印。見則禍患不可勝言。貧能徹骨。沿門求乞之輩多因此也。茲爲例以述之

○譬如六丙日月干得戊○如無官煞○堪以作用○年干見財○祖業豐厚○終身安閒○坐享現成之福○正財爲優○偏財次之○見官○戊癸化比○倘若身旺○一世辛勤○無名無利○見煞○貴顯可期○見印○榮譽有準○見梟○自幼孤苦○貧困到老○倘見傷食或比刼○則獲福更厚○雖有傷官奪食之說○乃陽奪陰○非陰奪陽也○　時干見財○多爲資產階級○見官○貪合化火○貴氣消滅○反耗資財○見煞○官途顯客○見印身强爲吉○見梟若旺不忌○蓋水生木○木生火○雖然逢梟○於食未嘗受傷也○見傷○左右洩氣○身衰大忌○見食○盜洩重重○亦非所宜○見比刼○福澤綿綿○美不堪言○

運干見財○頓作富家之翁○見官○不覺蕭墻起禍○蓋戊癸化比也○見印○每況愈下○見梟立時貧困○書曰○食神逢梟○非貧即夭○可不提歟○見傷食○身强爲奇○見比刼○福壽幷增○刼財尤佳○比肩次之○　又陰食神之喜忌○與陽食神無殊○惟忌見傷官○見則奪食○災患叢生○

傷官

甲見丁乙見丙等。俱曰傷官。傷官者。傷害官貴之謂也。此物見官則尅。既傷貴氣。復洩本身之力。故稱盜氣之神。人命遇此。每多氣高傲物。才藝超羣。然爲禍之烈。實亦過於七煞。七煞爲禍。不過殺人。傷官爲禍。簡直殺官。故書曰。貴人忌憚。衆人厭惡。局中帶此。切忌見官。見則爲禍百端。必須有物制之。或洩化之。方能轉禍爲福。不然禍患不可勝言。至其功用。亦能化比劫。生財星。然亦分陰陽。乙見丙曰陽傷官。甲見丁曰陰傷官。陽傷官。能合七煞。陰傷官能合梟印。總以害處多利益少。故謂忌神。制化之道。惟賴印綬。與財星。故有佩印與生財之兩說。佩印者。主貴。生財者。主富。茲爲例以述之。

譬如六丁日。月干得戊。即爲病神。終身受禍。年干見財。祖業可享。見官。大多爲無賴子。傷資產。敗家風。一生游蕩。不務正業。見煞。則貴。職掌兵刑。（此則傷煞作合故佳。他干見之每多兇頑）。見印。功名可許。見梟。終身偃蹇。見傷食。凶燄更張。見比劫。爲禍不輕。　時干見財。總能致富。見官。一世飄蕩。見煞。非將即帥。功高名揚。見印。發福。見梟。增嫌。見比刼。傷官傷盡爲喜。見傷食。身衰大忌。　運干見財。驟然發富。見官。禍患多端。見煞。登台拜將。見印綬。立地成名。見梟反爲奸險。見食神。主旺不忌。見傷官。身衰堪憂。見比刼。禍患更劇。　又如六乙日月干得丙。見財則富。見印以榮。見七煞。定顯豐門貴客。見官星。不免禍患層出。見梟印。奸詐兇佷。見傷官。更增憂患。見比刼。俱以爲忌。年時運三干相同。惟去之之道。須年運兩干。時干不濟也。　又傷官與食神。同爲盜氣之神。何其食神爲喜。傷官爲忌。蓋五行八卦之理。二男不同居。二女不成配。陽與陽相見。雖亦相生。而各恃其勢。別立門戶。盜洩較輕。若陰陽相生。則陽順陰性。陰戀陽情。不免親愛過甚。過則有傷。是以爲忌。

偏財

甲見戊乙見己等。俱曰偏財。偏財者。來源不正之義也。故書曰衆人之財。惟須身强力壯。方能勝任。來源雖屬不正。既到我手。亦可優游自足。安享太平。何分偏正。故亦謂喜神。人命遇此。每發意外之財。倘得身用兩強。勢均力敵。發福更厚。故宜時干見之。月干見之。恐身不逮也。第恐身弱。或見比刼。則禍患層出矣。至其功用。能化傷官。生助官星。如官星被傷者。藉此可以轉環。陽偏財。合印綬。陰偏財。合比肩。茲爲例述之。

譬如六戊日。月若得壬。不見官煞者。即以爲用。年干見財。身強福厚。見官。富貴雙全。見煞一世顚蹇。見印。則財印化木。有官則貴。見煞則禍。見梟無榮無辱。見傷官。財氣增旺。見食神。富亦堪誇。見比肩。貧無寸鐵。見刼財。終身碌碌。

時干見財。惟怕財旺身弱。見官星。一世榮華。見七煞。藥爐常備。見印綬。化官顯貴。化煞反辱。見梟印。利尙可求。見傷食。意外發財。見比刼。禍端百出。

運干見財。身強爲喜。身弱添憂。見官星。功名可博。見七煞。須備棺木。見印。化官則貴。變煞災殃。見梟。往利奔波。見傷食以增富。見比刼則堪愁。

又六己日月干得癸。喜忌與上述無殊。惟陽偏財最忌比肩。陰偏財比刼俱忌。

正財

甲見己乙見戊等。俱曰正財。正財之義。名正言順之財也。故以比之妻財。妻財者。惟我獨享。不容他人染指。人命遇此。每多擁貲自雄。終身快樂。但財爲起爭之端。必須身主強健。方能勝任愉快。不然。則爲他人所覬覦。爭端屢起。禍患生矣。且能生助官星。故有財旺生官之說。但須有官可生。否則第作富家之翁。雖以萬貲營求。亦不易到手也。又財爲養命之源。人人喜愛。故謂喜神。用陰正財者。本屬相合。用力較輕。用陽正財者。用力較重。必須身主健旺。茲爲例以述之。

譬如六己日。月干得壬。不見官煞。即以爲用。喜傷食生助。忌比刼兌奪。　年干見財。身強者。祖產纍纍。坐享現成。身弱者。富屋貧人。見官星。出自望族。一世榮華。見七煞。孤苦伶仃。顛連終老。見印綬。有利無名。見梟印而化官者。曰富曰貴。化煞者。迍邅終身。見傷食坐擁巨貲。見比刼一世貧寒。　時干見財。身強者。何患衣食。身弱者。富家之奴。見官星。富而且貴。見七煞。終身殘廢。

見印綬。名利有準。見梟印。吉凶未判。見傷食。可成陶朱之業。見比刼。終身貧之。逆干見財。身旺者。來源洶湧。身衰者。反起禍殃。見官星。行賄賂可以進身。見七煞。延醫求藥。見印綬。財貴堪圖。見梟印。或吉或凶。見傷食。巨富可期。見比刼。立刻破家。

七煞

甲見庚乙見辛等。俱曰七煞。七煞者。數至七位。而逢凶煞者也。此物直尅日元。爲害至烈。重則壽夭。輕則殘身。昔曰。煞旺身輕。終身有損。實爲五行最凶之神。人命遇此。莫不畏懼。故謂忌神。必須有以制化。倘得馴服受使。亦能仗其兇殘。行我威權。故多爲貴命。職掌兵刑。且爲將帥者。無此不威。惟有數說。凡用食神者制服者。以吉制凶。爲官任偏職。故又曰偏官。以傷官。或刼財。合住者。以凶治凶。每由歧途倖進。職任兵刑。最壽者。用印融化。大都文武兼才。智謀超羣。倘若身煞兩停。斷無制化。則萬惡俱作。兇頑絕倫。陽煞爲重。陰煞次之。

茲爲例以述之。　甲見庚曰陽煞。乙見辛曰陰煞。譬如六庚日。月干得丙。則爲凶煞纏身。有制則吉。無制則凶。如年干見財。第恐夭折。見官。官助煞勢。凶禍更烈。見煞。凶煞疊疊。須防殘身。見印。兇燄爲洩。多爲貴命。見梟。禍患稍輕。見傷官。去殺尚可。釀禍不足。見食神。官高祿厚。見比肩。功用毫無。見刼財。職位必隆。　時干見財。雖不黨煞。亦深爲忌。見官。官煞相混。禍端百出。見煞。前後皆賊。命若風燭。見印。功名可許。見梟。亦可求名。見傷官。身強爲佳。見食神。顯貴有期。見比肩。須作帮襯。見刼財。定掌重職。　運干見財。財能黨煞。禍患驟作。見官。百事顛倒。見煞。身日不保。見印。煞印相生。勃然顯達。見梟。圖名尚可。見傷官。徐徐去患。見食神。立刻成名。見比肩。亦能消禍。見刼財。不貴亦榮。又煞印相生者。惟年干見煞。月干見印。又月干見煞。運干見印。或運干見煞。月干見印。他干俱非。

正官

甲見辛乙見庚等。俱曰正官。正官之義。正大光明。不偏不阿之謂也。此物爲五行至正至貴之神。故曰正貴。人命遇此。莫不貴官。謂之喜神。局中無此。雖狀元出身。亦不易得到官職也。須有財印幫襯。財則生官。印則扶身。大忌尅害。倘若被傷。禍患百出。災殃叢生。又官星忌合。合則貴氣消滅。故有貪合忘官之說。然作合之中。有吉有凶。如甲以辛爲官。見丙不忌。蓋丙辛化印。反能增榮。如丙以癸爲官。而見戊合。則去官化比。主退職破財。又如戊以乙爲官。見庚亦忌。庚以丁爲官。見壬。每因貪財去職。壬以己爲官。見甲不忌。第恐運干來合。謂之合去。凶多吉少。陰干喜忌。類推可也。官星取陰爲佳。陽則本來相合。合則戀情。倘化氣有碍。簡直不能取貴。如六辛以丙爲官。暗含有水。倘地支水旺。終身難發。至於喜忌。茲爲例以述之。

譬如六辛日。月干得丙。正官作用。若身用有根。而無傷害者。定爲貴命。年干見財。終身富貴。見官。身旺爲佳。見煞。凶煞奪貴。終身受害。見印。功名顯達。見梟。貴氣被洩。職位卑低。見傷官。一世蹭蹬。見食神。名輕利重。見比肩。不爲害。見刼財。亦無功。　時干見財。足許富貴。見官。身强尙喜。身衰多災。見煞。恐身殘廢。見印。爲官清貴。見梟。欺詐成名。見傷官。終身有損。見食神。不貴亦榮。見比刼。稍分福澤。　運干見財。升官晉級。見官。身旺者。官上加官。身弱者。驟起禍端。見七煞。不離醫藥。見印綬。爵祿頻增。見梟印。徐徐退職。見傷官。立刻丟官。見食神。休致榮歸。見比肩。避位宜速。見刼財。退居爲優。

梟印

甲見壬乙見癸等。俱曰梟印。梟印者。雖相生而無眞情實義之義也。此物洩剝財官。傷害食神。故又名倒食。謂之忌神。人命遇此。每多居心慳吝。行事很毒。忘恩負義。有始無終。局中有此。切忌再見食神。見則終身貧困。必須有以制化。否則。雖有財官。亦難奮發。陽梟。能化傷官。陰梟。剝奪財星。喜忌之間。茲爲例以述之。　譬如六壬日。月干得庚。亦爲終身之害。年干見正財。即被所隔。雖得祖蔭。見偏財。堪稱福利。見官星。終身不發。見七煞。梟煞並透。飢困且很。見印綬。反爲添病。見梟印。爲害更甚。見傷官。乙庚作合。斯爲吉兆。見食神。衣食不給。見比刦。禍患層出。　時干見正財。錙銖取利。見偏財欺詐成家。見官星。亦能取貴。見七煞。兵弁爲業。見印綬。身反受制。見梟印。姓名隱埋。見傷官。名成利就。見食神。身強不忌。見比刦。一世貧薄。　運干見正財。利尚可求。見偏財。陡然發福。見官星。官卑職小。見七煞。宜於從軍。見印不榮。見梟反辱。見傷官。威風頓作。見食神。囊然貧困。見比肩以堪虞。見刦財而增慮。

印綬

甲見癸乙見壬等。俱曰印綬。印綬者。譬之印信爵綬。以護我身者也。此物能保護官星。生扶日元。爲五行至吉之神。故謂喜神。人命遇此。每享現成之富貴。主榮譽聲望。公正廉明。倘得此物爲用。多主盛名。如　聖帝之造。四重戊干。以印爲用。故其威名。萬世不衰。惟喜官星扶植。忌見財星。希貴嫌富。乃其本性。

倘有財星壓制。則淹滯不發。一世困頓。印綬。用陰印綬爲宜。陽印力充。恐生之太過。反爲不美。玆爲例以述之。　譬如六癸日。月干得庚。堪以爲用。年干見正財。一世困厄。見偏財。福氣不深。見官星。榮華富貴。見七煞。煞印相生。名震四海。見印不喜。見梟爲忌。見傷官。不爲害。見食神。以增榮。見比刼。則奪福。時干見正財。名利俱虛。見偏財。身强富貴。見官星。位列三台。見七煞。身旺大貴。見印爲嫌。見梟不美。見傷官。人人顯達。見食神。個個榮貴。見比刼。名消利減。　運干見正財。貪婪丟官。見偏財。求謀不遂。見官星。連升三級。見七煞。名位日隆。見印不喜。見梟埋名。見傷官。無功無過。見食神。罷職丟官。見比刼。榮華不久。

十二支本質

子居正北坎位。爲水專旺之卿。質陰而氣屬陽。性烈。內含壬水餘氣三分。癸水七分。辛金寄生。有氣無質。喜金生水助。忌土尅木洩。遇六合。其性馴服。逢三合。水勢泛濫。冲則受傷。見墓脫質。

丑居艮北。水土混合之所。又爲金庫。故名雜氣。氣質俱陰。其性順和。內含癸水餘氣二分。庫中金氣一分。己土旺氣七分。見火旺土。刑冲開庫。逢木土遭傷。金來攏收藏。六合受羈絆。三合會金局。

寅居艮東。爲山林原野。木之旺鄉。丙之生處。氣質俱陽。其性剛正。內含土之餘氣三分。丙火生氣一分。甲木旺氣六分。土氣雖占三分。因木旺受尅。勢甚輕微。木喜水生。火旺則焚。六合變溼木。三合成火局。惟忌刑與冲。不畏土來剋。

卯居正東震位。爲木專旺之鄉。氣質俱陰。性烈。內含甲木餘氣三分。乙木旺氣七分。癸水寄生。有氣無質。喜水木生助。忌金火尅剝。六合服性。三合成林。逢未脫氣。遇酉傷體。

辰居巽南。木土混合。又爲水庫。陰陽雜居。故曰惡濁之地。氣質俱陽。其性鄰和。內含乙木餘氣二分。庫中水氣一分。戊土旺氣七分。宜刑衝而發庫。嫌六合以受穢。欲土旺。須火來生。喜水充。三合則欣。金衰能助。水泛可收。

巳居巽南。火土旺鄉。庚金寄生。質陽而氣屬陰。其性陽剛。內含土之餘氣三分。庚金生氣一分。丙火旺氣六分。土質雖祇三分。賴火生助。其勢甚充。故爲戊己發育之地。喜木生助。忌水尅制。遇寅雖刑。刑中帶生。逢申六合。雖合無情。第恐三刑會聚。始各傷損。見亥虧質。酉丑會金。

午居南離。爲火旺鄉。質陰而氣屬陽。性烈。內含丙火餘氣三分。丁火旺氣七分。乙木寄生。有氣之質。雖無土之本質。因火生助。亦甚得勢。戊己到此。根蒂極固。見子傷質。遇未服性。氣旺賴寅。藏躲須戌。倘若會局。勢可燎原。

未居坤南。火土混合之所。又爲木庫。亦名雜氣。氣質俱陰。其性順和。內含丁火餘氣二分。木之庫氣一分。己土旺氣七分。遇丑金木俱發。見戌木火並增。卯木獨來。吸收無遺。再見亥水。可成叢林。己則生我。午則絆身。

申居坤西。爲金之旺鄉。壬之生處。氣質俱陽。其性剛正。內含土之餘氣三分。壬水生氣一分。庚金旺氣六分。土質雖占三分。因金旺被洩。體勢甚虛。喜金土生助。而忌水火。六合無情。三合會局。見子洩氣。逢寅傷體。

酉居正西兌位。爲金專旺之鄉。氣質俱陰。性烈。內含庚金餘氣三分。辛金旺氣七分。丁火寄生。有氣無質。欲生兮賴土。畏尅兮嫌午。辰土服我性。丑宮可藏身。己丑同來。金氣乘旺。若見午火。本質遭傷。

戌居乾西。金土渴合之所。又爲火庫。陰陽雜居。向稱惡濁。氣質俱陽。其性鄙和。內含辛金餘氣二分。火之庫氣一分。戊土旺氣七分。合寅午。火勢燄烈。逢丑未。庫藏俱出。土質喜火生。火氣怕卯鬭。既爲辰土戰爭之場。又爲南離避難之鄉。

亥居乾北。爲水旺鄉。甲木生處。質陽而氣屬陰。其性陽剛。內含土之餘氣三分。甲木生氣一分。壬水旺氣六分。土質雖占三分。因水旺不能停留。故氣勢更微。逢寅則合。遇己則爭。生我者申酉。會木兮卯未。土厚受制。木旺洩氣。

三合

申子辰寅午戌等。俱曰三合。三合之物。其勢偉大。其質穩固。其性純和。陰陽通變。多寡自由生發。透陰則陰。透陽則陽。勝任者多發。力衰者少出。故人命遇之。每以爲壽。且三合既成。不再六合。亦不再刑冲。即對方以一字來擊。亦刑之不開。冲之不動。第恐兩字或三字同來。則將倒庫破。三合始散。三合既散。氣勢甚厲。莫之能禦。禍患立見。譬如申子辰水局既成。見一寅字。反以水氣轉生。見午字。則謂將星遇擊。稍受動搖。見戌字。火庫爲開。水局未碍。若見寅午。亦無妨碍。惟怕午戌同來。則將爲倒。庫爲破矣。又有半會。會墓。遙會之說。

如申子。寅午。亥卯。巳酉。俱曰半會。半會之氣。以將星爲重。完全屬陰。加旺而已。陽干見之。亦甚得力。蓋陽干本以將星爲旺地也。然一遇六合。即散會而合彼。逢冲亦散。其性不常。

又會墓。如子辰。午戌。卯未。酉丑。俱曰會墓。會墓之性。雖見他物亦冲亦合。然較半會爲固。譬子午卯酉。見庫則藏。勢雖減。而性則穩。如局中有午戌兩字。倘見子來。則午有藏避之所。雖冲無輕。若得丑未辰等字。將其庫門擊開。則氣勢大增。勝於半會。　又遙會。如申辰。寅戌。亥未。巳丑等。謂之遙會。遙會者。一生一墓。陰陽分立。性質不純。亦不常固。故每不以為重。徒有其說而已。

六合

子與丑。寅與亥等。謂之六合。六合之性。常而且固。不易冲動。若遇三刑。則刑自刑。合自合。不相牽涉。雖有化氣。亦隱約不現。須有幫襯。始能見旺。如卯戌合火。須有巳午等字。夾襯其間。或丑未辰擊開其庫。則光炎始露。故每論其合。不重其化。

三刑

寅巳申。或丑戌未。子卯等。俱曰三刑。三刑之性。與冲不同。冲則各恃其勢。性烈而氣足。刑則勢輕徐緩。雖受羈絆。亦徐徐碎擊也。凡遇二刑。每含相生或相合之意。故爲患輕微。三刑俱全。始見災禍。惟寅巳申三位。他亦不然。至辰午酉亥自刑者。乃辰見辰。午見午。酉見酉。亥見亥也。獨辰見辰。水庫得開。其他三支相見。亦無甚禍福。如以午酉爲羊刃。重見而生災患者。乃羊刃重見之故。非午酉自刑之害也。

六冲

子午。丑未。寅申等。俱曰六冲。冲者。相尅也。尅我者。爲禍重。我尅者。爲禍輕。至辰戌丑未。乃四庫相擊。土質未嘗受害。故多吉少忌。六冲之性。各恃其勢。既亢且烈。見之多凶。惟三合六合。可以羈絆。又有轉圜與藏避之法。四生相冲。須有四旺轉圜。如巳亥相冲。得酉卯等字。四旺相冲。須有四庫藏避，如子午相冲。得辰戌等字。惟四庫相冲。非特無趨避之法。即三合六合。亦羈絆不住。蓋其本質俱土。冲之未必爲災。且能開發庫藏。多以爲吉。故書曰。辰戌丑未。不冲不發。

六串

子未。丑午。卯辰等。俱曰六穿。六穿之說。每不足爲患。徒有其名而已。如子未相穿。不過子水受尅。卯辰相穿。無非辰土被剋。餘均相生。相生有情。雖穿何害。

四生

寅申巳亥。爲陽干寄生之所。其支凡四。故曰四生。生氣雖祇一分。其實生生不絕。陽干以此作根。深爲穩固。氣屬純陽。陰干不預也。惟喜孤立。三刑與六合。俱非所宜。冲則更忌。譬如內火。寄生於寅。而遇亥合。變爲溼木。溼木不能生炎火。又如壬水。寄生於申。而遇巳合。雖曰合水。其實申中水份。早爲火土所剋盡。故合而又刑。至於甲木。寄生於亥。而復遇寅。則謂得建祿旺鄉。又作別論矣。

四旺

子午卯酉。爲五行旺鄉。故曰四旺。所含氣質。純一不二。毫無生洩餘地。故其性既急且烈。陽干臨之。不免有太過之嫌。易生禍端。是以稱爲羊刃。必須三合六合。以羈縻其性。減少外務。惟忌對冲。與入墓。冲則發性潑辣。爲禍最烈。入墓則本質收藏。功能盡消。原有者輕。歲運遇之則凶。

四庫

辰戌丑未。爲五行庫藏。故曰四庫。庫質雖祇一分。倘經開發。氣勢甚充。凡庫中藏物。皆係陰性。然陽干臨之。實較陰干爲得力。蓋其本庫也。人命藉此作根者。每多謹愿衰弱。即有財官。亦不勝任。倘遇擊開其庫。則氣強力壯。頓異往昔。故喜刑冲。而忌羈絆。又有閤庫。開庫。破庫。之說。逢合爲閤。閤則庫閉。刑冲則開。開則出現。旣冲又刑。或冲而又冲。爲破。破則氣散。

連茹

亥子丑。寅卯辰等。謂之連茹。連茹之勢。各立各性。不從不化。單獨不純。功用各殊。如亥子丑一氣。亥爲壬水。子爲癸水。丑則水土混合。陰陽複雜。無甚深義。祇有專一。或從化等格。遇之則喜。他則每嫌其生剋過重。害多利少。

驛馬桃花華蓋

寅申巳亥。本屬陽剛。其性好動。又爲五行旺鄉。凡人命以此爲根蒂。或用神者。每有剛强自立之概。故往往異鄉發跡。即不冲動。亦好轉移也。　子午卯酉。其氣專一。爲五行至旺之地。旺則不免輕躁浮泛。故人命遇之。每多蕭洒磊落。風流淫佚。　辰戌丑未。本爲五行收藏之處。其性主　。遇之者。每多慳吝孤僻。不合人羣。其爲偕遁也宜矣。以上三者。皆係本性使然。自不必拘其寅午戌。與申子辰。之驛馬。桃花。及華蓋也。況子平之理。以日干爲主。此則依據年命。亦不免一物兩主。一人雙姓之譏。

長生

甲臨亥。乙臨午等。俱曰長生。陽干以長生作根。實較旺庫爲優。氣質雖祇一分。然綿綿相生。生之不絕。故昔有財氣遇長生。肥田萬頃之說。陽干臨生地。固較穩固。懼冲尅外。即無他虞。惟陰干臨生地。祇受其癘氣。並無實質。根蒂殊感輕浮。一經冲尅。即遭絕滅。幷長入墓。連其生氣。亦隨之而入。故陽干臨生地。堪以作根。陰干臨生地。殊不足靠。

建祿

甲臨寅。乙臨卯等。俱曰建祿。建祿者。以干臨臨官之地。干支同體。其氣最盛。然陽建祿。自帶生洩之氣。如甲祿在寅。寅含丙火。雖屬強旺。尚有生洩餘地。人命遇之。每多白手成家。異鄉發跡。故以為吉。陰建祿。則專一之氣。旺而無依。性既急且烈。不啻羊刃。一經冲動。禍患立發。如入墓門。身敗名裂。故陰祿不及陽祿。

羊刃

甲臨卯。庚臨酉等。俱曰羊刃。羊刃者。勢充力足。既凶且殘之義。遇之凶多吉少。故每以為嫌。倘無刑冲尅害。得使其性。亦主身強力壯。發福雄厚。書傳祿前一位即刃。甲以寅為祿。至卯為刃。陽干俱此。惟陰干。以辰戌丑未為刃。恐非其然。蓋陽干自生至死。以順數。祿前一位。即在子午卯酉。陰干逆轉。祿前一位。臨在帝旺之鄉。以寅申巳亥爲刃。較爲相宜。如乙以卯爲祿。逆數前一位至寅。即爲羊刃。寅中雖屬甲木。然乙木臨之。亦極盛旺。其作刃也宜矣。若以辰戌丑未。四庫爲刃。庫中之餘氣祗有二分。二分之氣。寄根尚感不足。何能恃兇殘暴。況餘氣。非在季月十二日以前。方有其氣。一經土旺。消滅盡淨。是故於命理上。每多不驗。以致後人。有陽干有刃。陰干無刃之說。實則陰陽俱有刃。而書傳所載。或不免誤會。然陽刃較凶。陰刃次之。蓋陰刃內有自洩之氣。與陽建祿相同。

墓庫

甲臨未。乙臨戌等。謂之墓庫。庫中之氣。實質祇有一分。以此作根。每感衰弱不足。然經開發。則其氣勢。不啻祿刃。故墓喜開闢。不宜閉闔。陽干之墓。依生而行。如甲木生亥。至未爲墓。謂之眞墓。陰干之墓。則有兩說。一曰本墓。依生而行。如乙木生午。至戌爲墓。一曰附墓。依附陽干而言。如甲墓在未。乙墓亦在未。然其本墓中。並無氣質。不能寄根。無非依隨長生而行。有生始有墓。無生則否。故陰干長生入墓。每主禍患。局中如無長生。即見墓庫。亦無異陌路。至其附墓中。則有一分本質。可以寄根。倘經開闢。功用與陽墓相同。因陰墓無專處。用之又多不驗。故後人有陽干有墓。陰干無墓之說。然則細分起來。未嘗不能了然其義也。

納音

鬼谷子先師所傳之納音。本是一種比喻。既非其質。亦非其性。究竟如何用法。即使請教鬼谷子。諒亦無以指示。後人若加參究。徒費心血。子平一學。確有真理。並非眩人耳目之術。名目愈多。愈壯觀瞻。苟從實地研究。去煩就簡。未嘗不能得到其妙諦也。

神煞

貴人與凶煞。祇能作一參考。萬不可專注於此。以定貴賤。蓋其間矛盾之處正多也。譬如。甲戌庚臨丑未。爲天乙貴。旣云貴人重見爲吉。又說貴人忌冲。倘若甲戌庚於一局之內。見丑見未。究以重見爲吉。抑以相冲爲忌。又如戊臨戌。爲天官貴人。而戊戌日。又爲十惡大敗。究竟孰吉孰凶。又如甲寅。辛酉。爲官祿貴。而甲寅。又爲孤鸞煞。辛酉。則爲紅艷煞。諸如此類。雖然男命身強多吉。女命身強。不免刑夫尅子。果爾。一言可決。何必謂神謂煞。而自相矛盾哉。倘以命吉。而謂貴人得力。命凶則謂凶煞占勢。未免欺寡凌弱。豈有是理。

胎元

胎元者。本取其受胎之月。故自生月。前推十月之干支是也。但人自受胎至下生。並非個個十月滿足。男孩大多八月九月。女孩有十月者。且有超過月份者。果若如此。則前推十月之干支。既不足憑。等於虛妄。毫無用處矣。

空亡

空亡之說。係由六甲旬空而來。如甲子旬戌亥。甲戌旬申酉。以旬爲主。對於卜課爲必需品。卜課一道。原屬臨時性質。隨機應變。必須空亡月破等說。以判吉凶。至於子平。以日干爲主。生尅制化爲歸旨。字字是實。字字有用。絲毫不能虛假。豈有空之一說。況用空亡者。有則根據年命。有則根據月建。無論孰是孰非。俱不近理。用之於年。不免將旬空。作爲年空。用之於日。不免將旬空。作爲日空。但向傳以來。祇有旬空之說。幷無年空月空之名。且又有金空則鳴。水空則響之言。究以鳴響爲吉。抑以空亡爲凶。吉凶之間。又相矛盾。此種名目。於命理上。簡直可以删除。免却多少心機目力。

十干寄根

甲丙庚壬四陽干。於十二支中。寄根之處。各占四支。曰長生。曰臨官。曰帝旺。曰墓庫。長生占一分本質。生氣綿綿不絕。臨官帝旺。固爲根深蒂固之地。墓庫中雖祇一分氣質。開發亦旺。凡可寄託者。俱甚健固。乙丁辛癸四陰干。於十二支中。寄根之處。各占五支。曰長生。曰臨官。曰帝旺。曰餘氣。曰附墓。其託根之處。雖較陽干爲多。然除臨官。帝旺。附墓。三處。與陽干相同。俱屬健固外。如長生之中。有氣無質。極感虛浮。至於四庫中之餘氣雖占二分。然已衰退。必須在提綱中。在季月十二日以前。方有氣質。可以寄託。一遇土旺。餘氣盡消。如在別的地位。亦無餘氣可說。祇能作土質。與庫物論也。惟戊己之土。與他干不同。戊土託根之處。在巳午辰戌。己土託根之處。在巳午丑未。倘戊臨丑未。作刼財論。己臨辰戌。亦如之。此乃數世經驗所得來。並非獨出心裁。至於陰干。胎裏受氣。陽干。絕地逢生。乃物極必反之理。萬法無窮之法。並非眞可託根也。又如局中無根可託。行運見之亦可。故小孩。有某歲栽根之說。在未栽根之前。三災八難。命若懸絲。倘若行運得根。即能轉弱爲強。即使運過。而不遇重大尅害。生命亦能保留矣。大抵行運。猶如經歷之事跡。雖然時過境遷。而意義常存。總之陽干剛強。即無根蔕。亦能自立。陰干柔弱。無根不易存留。

陽奪陰氣

陽奪陰氣者。非干奪干。亦非支奪支。乃陽占陰巢也。譬如六乙日。臨寅卯月。或寅卯年支。本得旺鄉之氣。根蒂深固。倘年月運三干見甲。則其旺氣。爲陽干所占。故財旺於本身矣。如局中有財可劫。往往傾家蕩產。又如六庚日。得月干之丁爲官。年月兩支。得己午等字。其氣可謂旺矣。倘年運兩干透丙。則謂丙奪丁光。官星退。而煞勢增矣。每主凶災。時干見之。則占奪日時兩支。年月不相及也。

陰順陽性

陰干柔弱。遇陽則順。譬如六乙日。得月干之庚爲官。年干或運干見辛。無非官星增旺。雖患輕微。間有一字相隔。則不順。若時干見辛。非有去留不可。不然爲禍重矣。又如六甲日。用時干之財。無論偏正。苟係財旺身弱之格。見乙往往富厚。月干取財。時干見乙亦同。倘若陰陽反復。地位顛倒。莫不貧困。

印綬帶官

印綬之物。本主聲望榮顯。喜貴嫌富。但得其氣旺受使。不必定須官星。亦主官高爵顯。名重當時。蓋其貴氣。自能吸收而來也。惟不宜見傷官。見則官星退避。雖學富五車。總難得到一官半職。並非仕不遇時。實乃造化限人。至於傷官佩印。不在此例。此則印綬爲主。彼則傷官爲先。地位前後。大有區別。

財星携食

凡人命苟得財星爲用。不必定須食神。亦主豐衣足食。優游快樂。蓋財星氣旺。食神自能携來也。但不宜見梟印。見則食神畏懼。故往往省吃儉用。慳吝異人。雖擁區貲。亦願破衣敝屣。不啻貧人。非其有福不會享。實乃賦命使然也。

一物一用

凡屬一物。祇能作一用。旣生此矣。不復剋彼。旣作藥石以去病。不能因官而取貴。譬如六甲日。月干得癸。年上透庚。庚旣生癸。不再剋甲。故爲煞印相生。每主貴顯。年月反之則否。干支同例。又如六甲日。月干得丙。時干見壬。壬旣生甲。不復剋丙。雖然食神逢梟。不以爲患也。又如六丁日。年干得辛。月干見丁。此則以辛為用。以丁為病。倘運干得壬。則作藥石以去丁之病。不能再以官星取貴。如此類者。祇能發財。不能為官也。比例雖如此。亦須輕重較量。倘若地支水氣乘旺。則既能生病。又有餘勢可以取貴矣。

兩見則混

無論財官印食。凡屬陰陽兩見。俱曰混雜。故有煞混官官混煞之說。混則氣濁。雖財不富。雖官不貴。須有一物。為之尅合，方得去就。以清其氣。不然終身淹滯。去官留煞。去煞留官之道。蓋因此也。非特官煞宜如此。正財偏財亦宜如此。印綬與梟。食神與傷。亦皆宜如此。惟官煞與財。無論去陰去陽。俱能發福。印綬與梟。傷官與食。則宜去其凶。而留其吉。不然反為患矣。

既生忌死

既生之物。不宜臨死絕之地。書中但云死絕。究竟如何為死。如何為絕。並不明言。譬如一命。以甲木取用。無論財官。託根於寅。不受尅害。此為生物。倘若運行至午。寅午相會。木化爲火。根蒂付之一炬。故曰死地。至申。則寅申相冲。根遭剋絕。故曰絕地。凡遇此者。有產破蕩。爲官卸職。非祇用神如此。即日元亦如此也。倘無他物解救。生命亦殆矣。身主與用神。固以爲忌。若係病神如此。則反爲吉。

既死忌生

一局之中。不拘喜神忌神。既遭剋絕。即爲死物。不宜復生。生則禍發。譬如傷官傷盡之造。復行官星生旺之地。勃然禍作。又如月干見財。地支無根。身旺而比刼又多。己將財星剋絕。此種命造。如成專一之格。固作別論。不然財氣雖薄。亦能日掙日用。自謀衣食。倘若行運生助財星。則愈生。而人愈貧矣。或則因財致禍。身敗名裂。又如印綬遇財者。既將印綬剋絕。即以財星爲用。倘運行印旺之地。則死物復生。患又作矣。以上三者。喜神之比例也。又如一命。天干皆比刼。無用可取。而年支得財。提綱得食神。日支自坐梟印。時支又得偏財而制梟。如此八字。固係福造。細分起來。殊有意味。先以年月而論。謂之食神生財。月日論之。食神逢梟。日支時支。有藥以治病。輕重較量。財旺而梟絕。當然喜行身旺之運。身愈旺。發福愈厚。倘行印旺之鄉。死物復生。禍患作矣。非特喜神忌神如此。即日元亦如此。故凡從財從煞等格。忌行身旺之運者。同理也。

虛干隱支

天干屬陽。其性好動。見生則生。見尅則尅。逢合則合。能化則化。氣質專純。動作明顯。惟須地支有基礎。可以依賴。所謂根蒂是也。有基則實。氣質健固。無基則虛。遇尅則絕。遇洩脫氣。如懸絲也。謂之虛干。地支屬陰。其性主靜。合一不合二。既合不復冲。化則隱約不顯。從則本質未移。即遇冲尅。苟得轉環藏避之處。亦能避免。雖相刑害。尚帶生合而有情。但必須天干透露。方爲明顯。否則隱埋。故曰隱支。又支中所含生氣。庫氣。餘氣。等等藏物。更須干透。方爲有用。不然祇能作其旺氣評論。譬如己中有庚金。丙火。戊土。倘天干未透。庚戊。作爲丙火論可矣。不然。殊違得一分三之旨。

地位輕重

八字之四柱。大有輕重前後之分。按日主取根而言。則以提綱為最重。蓋此處實為全局之樞機。用神每以此為憑依。何況日主哉。次則日支。既係自坐。又與提綱接近。再次則時支。為五行之結晶。惟年支。已為過去陳跡。關係最輕。茲姑按三十分而均之。提綱占十分。日支八分。時支七分。年支不過五分。至於月干。實為取用之關鍵。非喜即忌。非用即病。又與運干最相接近。故始終須注意及之。此干無論喜忌。或用或病。察其根者。亦以提綱為先。年支須之。日時兩支更次。若用病在時干。則時支為先。日支次之。月支年支更次之。用病在年干。則年支為先。次月支。再次日支時支。總之身主既以天干為主。而用神忌神。亦應以天干為主。身主既以地支為根。而用神忌神。亦應以地支為根。不然其他三干。將作何用。因取用憑於提綱一言之誤解。不知躭誤多少後學。

年上

年爲祖上。爲根基。凡得喜神。不被月建尅害者。必得上人之餘蔭。爲官爲印。出身高貴。爲財爲食。遺業豐裕。如見忌神。未得月建制化者。出地卑微。傷官七煞。無賴之後。比刼梟印。窮苦之裔。年月相生。同堂數世。相冲相尅。上人凌替。

月建

月干爲取用關鍵。月提乃全局樞機。月干一字。凡屬財官印食等之喜神。總官生之扶之爲福。傷官。七煞。比刼。梟印。等之忌神。總官制之化之斯吉。至於提綱。爲身用發源之處。非身主之根。即用神之苗。非喜神之基，即忌神之蔕。切忌冲犯。以此爲喜者。固宜生扶。以此爲忌者。而對方必以爲喜。亦不宜相擊。故凡行運破提。凶多吉少

日支

日元與支。干支相連。本屬同體。是故兄弟妻妾之歸趣。皆憑於日支。凡得喜神。而干支相生。不犯刑害者。主兄弟和睦。妻奴賢順。反之。則夫婦悖豁。手足無依。

時辰

時爲五行歸宿之地。結晶如何。全憑於此。凡得喜神。不犯刑傷。主晚景優游。兒孫昌盛。如得忌神。而無制化。主老來貧困。後裔凋零。

看命要旨

一個八字。五行錯雜。爾生我剋。混亂其間。若無相當見解。必致眼暈目眩。故凡學此者。自須潛濤閱讀。格格參詳。胸中先有窠臼。八字成格與否。一目了然。再將喜忌分清。吉凶自判。惟子平。以五行生剋制化爲要旨。其他如貴人。凶煞。納音。空亡。三奇。德秀。等等。皆子平以前之傳說。孰吉孰凶。矛盾正多。萬不宜專心注意。蓋一人之靈性有限。生剋制化。已屬變幻難測。若再節外生枝。更費腦力。

。苟能刪繁就簡。去腐留精。從深處研究。由淺近着想。雖不得其妙諦。亦相距不遠矣。

體用

凡看八字。先將體用分清。日元爲體。用神爲用。又曰身用。身宜健旺。用須得氣。此乃一定不易之理。身主。即是本身。如得健旺。行動自由。爲所欲爲。終身逍遙快樂。弱則多憂多病。垂頭喪氣。依人作嫁。無能自立。用神者。譬之平生所負之能力。賴之以博功名。謀衣食之具也。故須得氣。得氣。文則學識超羣。武則力氣過人。博功名。功名則遂。謀衣食。衣食則足。不然才能毫無。名利虛浮。然身主無論強弱。必有可依。用神不拘吉凶。定有可取。體用分明。喜忌自判。重則宜剋宜洩。輕則宜補宜助。總以身用相等。方爲得體。故曰子平。子平者。平衡之義也。否則即有大才小用之嘆。任重力薄之嫌。甚至有官不會做。有財不會取矣。但一局之中。欲其身用相等。千中似難選一。故又有行運爲之損益。以定興衰。有則格局高強。終身不發。有則原命低次。富貴榮華。盖其行運。宜背不背。宜向得向之故也。無論生我我生。尅我我尅。總宜身主稍勝於用。則本能興事業。勝任裕如。相稱相合。無怨無嘵。身用俱旺。發福厚。身用俱衰。發福薄 。此乃大概之情形。

日主

看命先看日干。日干爲何字。即以何字爲主。故曰日主。亦曰日元。譬如日主甲木。即察四柱中有無寅亥卯未等字。可以作根。不必拘泥於提綱也。如無寅亥卯未等字。則求生我之氣。如子中癸水爲生我之印。不然。則看天干有無依旁。如得甲乙壬癸等字亦可。天干之物。並非可以爲根作蒂。是賴其擋官合煞。洩化尅我之神耳。再不然。惟有從與化矣。如既乏根氣。又無依旁。不從不化。則爲虛主。一尅即絕。不易存留。

用神

取用之法。雖重提綱。總以干透爲眞。棄此就彼。全在變通。先哲有言 。取用憑於提綱者。並非指定於提綱內取用。而以提綱爲憑依也。惟月干一字。實爲緊要關鍵。須先注意。次則時干。再次則年干。倘天干無可取。則看提綱。雖非眞用。然其根蒂甚固。如有財官可取。亦屬終身富貴。然總不及干透之爲明顯。故須俟運干透出。方得顯達。時支次之日支年支更次之。年支財官。雖主上人遺蔭。倘得運干透出。發覺亦厚。譬如甲臨丑月。財官印三物俱備。將以孰取。透官煞。取官煞。透財印。取財印。不然。則取其財氣七分。官貴一分。在土旺前者印綬二分。年日時三支俱同。但無餘氣可說。而氣勢亦較衰微。又取用。並非專指一物。倘身強勝任。三物兩物俱可。用神愈多。發福愈厚。故取用時。必須兼顧身主。身強者。用神易取。身衰者。用神難求。財官印並取。固係三吉物。即使傷官七煞。亦可並取。所謂傷官駕煞是也。又如天干透傷官、地支得官星。非但不作傷官見官論。且可官傷並用。總之去就之道。輕重之量。全在個人自由變通。殊非梏槼所能備述。又云取官宜透。透則顯。取財宜藏。藏則家有餘粮。雖然餘粮兩字。無非殷實小康而已。何能比金融界之巨擘。執經濟牛耳者之榮且耀哉。

害神

害神者。我欲以彼爲用。而有此物。從中禍害之義也。原稱爲病。譬如甲日。以辛爲官。而見丁火是也。倘若辛衰丁旺。倘可以反病爲用。否則終身禍患。必須除去一方。方爲福利。去丁固喜。去辛亦未嘗不可。又害神。並非有用而始有害。亦有有害而未見用者。此爲廡害。不足爲患。倘若行運相見。則勃然禍作矣。如六甲日月干透壬。無論如何。梟印不能作用。未透食神則已。倘遇運干遇之。一貧可以徹骨。此等廡害。如比刼傷官等類。局局不免。而月干爲尤甚。必須始終注意。稍一失神。興衰顛倒矣。

原神

原神者。用神受害。而賴此對制。以復用神之原之義也。原稱爲藥。譬如甲日。取時干辛金爲官。而有月干丁火傷之。而年干又得壬癸。以制丁火之病。即此壬癸。爲原神矣。此種原神。並非先有用病。而後始有。亦有先有原神者。如甲日以辛爲官。以癸爲印。此印。即爲原神。雖有害來。已早爲準備。故曰有官。必須有印。以爲護衛。如有用有病。而無原神者。則須俟行運遇見。用神方得出頭。不然終身偃蹇。

行運

行運如身歷之境地。關係極重。苟境地良。雖原命低次。至此亦能快樂一時。境地不佳。雖八字高強。亦不免蹭蹬受苦。且其干支輕重之量。實與原命月建干支相等。直能變易格局。更換面目。譬如六辛日。原命取水爲用。用水則忌火。如行丙午丁巳等運。則作金水傷官喜見官論。身強者。反以爲吉。至其關係。亦與月建干支爲最接近。譬如六甲日。原取月干戊土有財。運遇甲木。破敗主見。蓋行運。本由月建發源。故關係爲最切。日時等干。比較次之。又如六甲日。取時干戊土爲財。月干透比。此命終身爲財奔波。日日操勞。入不敷出。倘行運見庚。將其比肩之害。爲之除去。則財源勃勃。驟然發福。甲木於庚。雖曰七煞。然得月干之比肩抵擋。反以去病。不爲身禍。倘取月干之財。而時干見比。運行庚煞。則日元首當其衝。災患立見。非特不爲去病。而保身抑且不遑矣。用病相同。禍福殊異。無他。地位先後之故也。大運一行十載。先哲已有定論。干支兩字。自應聯貫而看。天干照顧天干。地支配合地支。方爲得法。萬不能作上下五年劈開看也。倘大運可劈。月日亦可劈。劈至時辰。則上半時爲干。下半時爲支。不必定其幾分幾刻矣。六十甲子。干支本屬聯貫。豈有分劈之理。第大運有一年餘氣。半載接氣之說。又有干喜支忌。支喜干忌之分。譬如六甲日。取月干辛金爲官。四柱無金氣。須賴運助。運行丁酉。則爲干忌支喜。又如六丙日。原取柱中子水爲官。須賴大運出現。運行癸未。則爲干喜支忌。惟天干之性。急而又促。過去即了。凡遇干忌支喜之運。一入其境。頓見禍患。多則四年。少則三年。其氣衰退。始得漸漸轉入佳境。此種運。地支雖佳。總被天干壓制。即使轉禍。亦屬微渺。至地支之性。隱沉常固。雖遇壞處。不即顯露。如遇干尋支忌之運。生發三二年。徐徐衰退。此種運。天干雖喜。地支受病。即使得三二年之生發。獲福亦屬有限。總之八字。既重提綱。大運亦應重地支。故書曰大運重地支。至論也。至於餘氣接氣之說。則又在流年如何。苟流年吉。不必賴餘氣。流年凶。雖受接氣亦無益。此說殊不足爲例。又大運。有開庫。閉庫。之吉凶。亦須審愼詳察。如六甲日。取辛爲官。以丑作根。本祇一分之氣。運遇戌未。而開其庫。則勃然與發。加官晉級。如日東升。倘如原命中。本有戌未等字。以開其庫。原得之氣已厚。運經子水。驟視之。以爲印綬。不料子丑作合。庫門爲閉。爲官者。多主落級。又如取辛爲官。以酉作根。運經丑地。謂之入墓。原有開庫之物。爲患輕微。否則丟官卸職。

行運干支兩字。按輕重地位而論。夾入原命月建與日建之間。月建占七分。日建占三分。於年時。除冲合之外。其他生尅。遂不相及。運干一字。重於生合制化如合煞。除梟。 生財。助印等等。僅與天下發生關係。如月干係喜神須生助。忌神宜剋洩。雖然。亦須看原命身用如何。如原命取月干之財爲用。而財旺身弱。固喜比劫幫助。倘比劫坐祿刃而來。如甲寅辛酉丙午等運。勝過日元。則用神盡被奪去。非特不能助身。而身反弱。立見敗徵。至運支一字。則與全局發生關係。原命喜水則宜水。喜火則宜火。反之則否矣。

流年

流年。係爲過往之客人。與本人爲友誼。故與日干最相接近。運干次之。至於年月時等干。多爲從中轉圜和解之神。不發生直接關係。喜忌之間。天干與天干較量。地支與地支斟酌。先哲雖曰流年重天干。實則地支亦甚關緊要。玆爲細述之。

歲干。生我者多喜少忌。陰陽爲佳。同性次之。我強爲宜。我衰亦受蒙蔽。主閉塞。　我生者。同性多吉。異性則洩氣。謂之傷官。我强洩之不己。主口舌是非。我弱氣爲之脫。主疾病僽遲。局中須有尅歲之干可解。　尅我者。謂之太歲尅身。同性爲重。異性次之。我强患輕。我弱主災病淹滯。須有洩歲之干可解。　我尅者。謂之日征太歲。同性患烈。異性患輕。我強。冲犯太歲。主非災橫禍。我弱災禍輕微。須有生歲之干可解。　比我刼我者。身弱不忌。身強透財者。主傷耗財物。甚則病厄。　相合者。多凶少吉。身強主官訟傷耗。身弱主晦氣。受人欺凌。甚則自殺。局中原有合神可解。且相合之中。尙有一種化氣。如化財官印食。則吉。比刼傷煞。更凶。以上數說。凡得解神。轉禍爲福。書曰。日犯歲君。見之未必爲災。五行有救。其年反必爲財。倘解神有物尅制。無力轉圜。亦無濟也。惟與太歲相合。即有解神。亦難全吉。至於運干。關係與上述相同。惟禍福之間。比較輕減耳。

歲干之輕重。看其所坐之支而論。如甲寅。太歲坐祿。其勢猛烈。甲申。自臨絕地。其勢輕微。再以原命四柱。及行運較量。如流年甲寅。局中寅卯又多。則太歲旺甚。反之則衰。歲我強弱之分。依此類推。

歲支。若與身用發生關係者。爲禍亦烈。如長生建祿忌刑冲。羊刃忌重見。忌冲。忌三合六合。日主與用神。忌遇墓庫。又有長生入墓。建祿羊刃入墓。傷官或財官入墓之類。關係亦甚要緊。又日支運支。冲犯歲支者亦凶。如天冲地擊。爲禍更烈。須有轉圜之神。或相合之神。爲之化解。不然。主凶災橫禍。重則身死。

又太歲之性。極其勢利。原命以此爲喜者。太歲復見更喜。以此爲忌者。復見更忌。太抵友誼中。錦上添花者多。雪中送炭者少。世上人情。亦大概如此。

六親

取斷六親。先哲雖有遺法。然有驗有不驗。其故無他。一則於本人。相隔一層。二則於行運。大有關係。且於父於妻。皆以財爲取。書中雖曰偏財爲父　正財爲妻。日元陽干。固屬如此。倘係陰干。將以孰定。若仍以偏財爲父。正財爲妻。豈非陰陽倒置。非特不能取準。即於情理。亦且不合。予對於此。曾經煞費研究。嗣後始得一法。以陰陽及地位爲重。財在年上。　不論偏正斷其父。在日時斷其妻。如在月建。則以陽爲父。以陰爲妻。試用之。稍較應驗。至於兄弟。以月日兩支而論。如甲日臨寅卯月日。兄弟必多。子嗣仍以時支取斷。雖然。究竟弟兄幾位。兒女幾人。始終不敢實指也。

女命變法

按子平遺法。看婦女之命。與看男命。殊不相同。男命重日主。女命重夫星。故以身弱爲宜。凡身弱者。財官必旺。財官旺。夫星自強。蓋在舊敎。爲婦女者。以依仗爲生。處處受男性之制。故寧自己衰病。不願傷害夫主。其意至美。今則不然。經濟獨立。男女平等。若照舊法推斷。不免誤會。故宜稍自變更。方爲得法。官煞如在年月者。仍以夫星論斷。若在日時。則以本身之貴氣作用。去年曾見一造。時煞透天。而得月建制化者。身主又強。係時上一位貴格。予初無把握。看其舉止大方。談風伶俐。遂以一言相探。曰。若照此命看來。現時正走財運。經濟自應獨立。彼則稱是。又曰。果爾。則應在機關中充任職員者。彼則諸諸連聲。極蒙贊許。後其自說。係在某機關。充任打字員者。此後屢試屢驗。

小孩關煞

小孩之命。凡財官旺者。關煞必重。此為大概情形。蓋財官旺。身主必弱。身弱。災病必多。雖然。亦須看其根蒂如何。無根之造。而無尅害者。固無妨。有根之造。尅害輕者。亦無妨。但有有根。而根受傷害者。此種命造。最難評斷。譬如甲日臨寅卯之月。根蒂豈不深乎。倘年日兩支。得墓庫。或申酉等字為之尅害。則雖強而反弱。干透官煞。災病連綿。尅害稍過。性命難保。又有無根。而尅害甚重。視之極險。險而有解者。如丙日透壬。柱得申子辰之類。殊不知三合之局。氣勢收蓄。水性並不過泛。倘若天干。得一甲乙之轉生。身反轉強。並不為害。此種命造。時有所見。稍失審察。強弱倒置。以上所述。皆係經驗所得來。請毋忽諸。

格局

格局之定。本由用神得體而來。苟將用神取準。格局自明。固不必拘泥也。且有格局雖成。而行運未助。以致終身淹滯。又有不成格局。而運行得地。富貴榮華

○暄赫一時○此又在運氣之助與不助○格局未可作靠也○照子平原定○雖有內外各十八格○然格格之中○所重要者○其惟財官印食○傷官七煞之六義○六義之中○應以印綬爲首○苟印綬得用○名利雙收○蓋印綬能暗合財食○吸收官星也○得此者○每多不勞而獲○坐享現成之福○又以七煞爲重○煞爲傷身之物○見之莫不畏懼○必須有以制服○不然保身不逮○遑論其他○至於財官印食等格○皆以明顯之物爲用○如遙巳鼠貴倒冲斜叉等格、皆以對方之暗物爲用○暗物惟何○財與官耳○故釋者有訣○論財官○不論格局○此言亦深得其旨○惟一八字○無論明暗○祇有一格可名○既有明物可取○不必更求其暗○明暗複取○不免一人雙姓○且格局之義○以此格止○不能更求其他之謂也○非將用神取準後○定而不可移者○始敢決斷○倘若任意取名○則局局可以謂格○如二辰夾酉○可名二龍搶珠○二寅夾戌○可稱二虎爭犬○此雖笑談○然任便取格者○大抵類此○壬騎龍背一格○非寅辰多見○不能名之○否則成格之命○未免太多○且此一日○即有三稱○富貴榮華者○曰壬騎龍背○蠻橫暴戾者

○曰日坐魁罡○謹愿誠厚者○曰日坐墓庫○究竟孰是○惟有五行定論○茲將古今名賢格局○及富貴貧賤壽夭等造○評列於後○藉作引證○

正官格

前清光緒年間湖州知府方公之造

己丑　庚午　丙寅
辛未　己巳　乙丑
甲申　戊辰
甲子　丁卯

甲以未庫爲根○月干正官○以丑庫爲根○丑未相沖○身用俱健○申金七煞○得子會印○輕重相衡○用旺身衰○須運生助○第四第五丁卯丙寅兩步○本屬身旺之運○不合干透丁火○官星被傷○雖有己土化解○總受剋制○丙則丙辛作合○貴氣合去○

辛化爲水。暗現印綬。喜忌兩抵。故雖行此兩步身旺之運。而官不過知府者。干支未得盡善也。

總理孫中山氏之造

乙丑　六丙戌　壬午
丁亥　　乙酉　辛巳
丁酉　　甲申
壬寅　　癸未

丁得長生之氣。印綬之生。尙屬有根。官星臨提。應以作用。財生官。官生印。四柱和順。惟月干之比。實爲全局之病。偉業屢成屢敗。因此爭合官星也。一生清廉。因此剝奪財氣也。所喜印綬居時。不遭傷害。故得人人崇仰。名傳萬世。行運第三步甲申。甲木生比。申又沖寅。忌神旺而印綬受傷。四步癸未。尅制太重。

身衰不任。故此兩運之中。備經險阻。至五步壬午。忌神合去。暗現印綬。身主又臨旺地。制化得稱。巍巍功業。至此告成。六步辛巳。比刼見財。巳亥動提。自非吉境。

行政院長胡漢民氏之造

己卯　一乙亥　辛未

丙子　　甲戌　庚午

丙寅　　癸酉

丁酉　　壬申

日坐長生。身有根氣。月提官星得令。應以作用。但貴氣未透。月干丙火奪福。須賴大運。爲之損益。初步乙亥。尙無喜忌。二步甲戌。旺火逢墓。不免困厄。三步癸酉。官星透現。酉金助用。不合先有己土傷害。又被丙火所奪。反主辛勞。

名利虛浮。四步壬申。既將月丙尅去。而丁壬作合。煞印相生。藉作權威。申金雖冲長生之根。然有一子之轉環。反得生氣綿綿。五步辛未。丙辛化水。去病得貴。未土尅子。而有寅卯格擋。不足爲害。故此二十年中。鵬搏萬里。名滿天下。至六步庚午。比刼見財。羊刃破提。是以不吉。

經濟委員杜月笙氏之造

戊子　五　辛酉　乙丑
庚申　　　壬戌　丙寅
乙丑　　　癸亥
壬午　　　甲子

乙木得午時長生之氣。子午相冲。而有申子子丑之解。毫不受傷。官星坐月提建祿。更爲健固。官印相生。氣象甚佳。所不足者。身主嫌輕。須仗行運。初步辛酉。旺煞尅身。多災多病。二步壬戌。長生入墓。一路坎坷。三步癸亥。稍見起色。四步甲子。日主得依。漸入佳境。五步乙丑。乙庚化金。貴氣更增。弱主又得乙木之助。身用相稱。制化最宜。自應顯貴。名利雙收。六步丙寅。干則官星被傷。文則金木相擊。六旬後。宜善自珍攝矣。

北平市長周大文氏之造

乙未　八　戊子　甲申
己丑　　　丁亥　癸未
壬午　　　丙戌
癸卯　　　乙酉

壬水無根。賴癸爲依。印綬得庫。干未現露。月干己土。既乘火土之旺。格局己顯。不合年干見傷。是爲重病。必須丙丁化解。方得振奮。初運戊子。尚屬平吉。

二步丁亥。支雖三合。忌神得勢。喜有午字轉化。反爲吉徵。三步丙戌。丙則化傷助官。戊則三庫相刑。藏物俱出。宜其淩然騰遥。惟局中印綬未透。聲威不足。須有庚辛流年助起。始能顯揚一時。至四步五步。地支俱佳。無如天干尅官合官。貴氣受傷。即能復振。恐不如前運之輿奮矣。六步癸未。亦非吉境

雜氣財官格

王羲之之造

乙卯　癸未　壬子　辛丑
壬午　辛巳　庚辰　己卯
戊寅　丁丑

其文才軼羣者。年上傷官得祿也。聲華百世不衰者。時干印綬坐庫也。兩日坐羊

刃。身强勝任。雖以未中財官取用。干俱未顯。且月干一癸。雖無財星可尅。總爲全局忌病。初行壬午辛巳庚辰三運。地支一派火土。無甚喜忌。不合天干金水。生起忌神。故幼年困頓。至第四第五兩步。干現戊己。非特透出官貴。且將癸之忌病除去。始得展其懷抱。名滿天下。故凡月干一字。實爲用神關鍵。苟係忌神。總須除去。方能發福。戊己兩字比較。戊爲尤佳。蓋得戊癸化火。財星暗現也。

清帝康熙皇之造

甲午　己巳　癸酉

戊辰　庚午　甲戌

戊申　辛未

戊午　壬申

年干七煞。而得月干比肩之擋。身不遭尅。財星得庫。自坐食神。又得年時兩印之生。五行無尅害。無曲折。干支純清。洵為奇特之造。用神。嘗取辰中乙木與癸水。曰雜氣財官格。又曰三朋格。且其行運。祇壬申。比肩見財。稍犯波折。回亂避難。想在此期。餘皆吉境。其為福壽與皇。年時兩支得印之益也。

大總統徐世昌氏之造

乙卯	五	乙酉		庚辰		
丙戌		甲申		己卯		
癸酉		癸未		戊寅		
丙辰		壬午		丁丑		
		辛巳				

癸水通根於辰庫。日主高强。取戌中之財官作用。滿盤吉物。五行相均。洵福造也。宜其澤被羣黎。功在社稷。富貴壽考。蓋皆生有自來。至於行運。祇第四第

五兩步。干忌支喜。稍欠不純。其餘皆無傷害。故一生多泰境。惟九步丁丑。丑戌動庫。身主殊嫌衰弱耳。

大總統馮國璋氏之造

戊午　三丙寅　庚午
乙丑　丁卯　辛未
乙丑　戊辰
己卯　己巳

以丑中偏財偏官取用。曰雜氣財官格。身强煞淺。假煞爲權。氣魄沈雄。自屬大格。但貴氣未現。須賴行運。故至五六兩步。干透庚辛。鵬搏直上。庚午十年。官祿迭晉。辛未。丑未一冲。身用兩旺。遷爲總統。但未爲身庫。建祿入墓。雖吉含凶。是以大限。不越此境。

黑龍江烏雲縣長婁心田氏之造

乙亥　十　乙酉　辛巳
丙戌　　　甲申　庚辰
壬申　　　癸未
乙巳　　　壬午

雖取戌中財官爲用。實則偏財偏官也。年時兩透傷官。傷官無根。故取財官爲忌。日主壬水。通長生建祿之兩根。月干丙火。亦得一祿一庫之兩蒂。輕重較量。身財相等。初行乙酉甲申。俱屬坦途。三步癸未。天干見刼。剝削丙財。支則戌未相刑。財庫大開。且又官來洩煞。身嫌衰弱。故至此運。不免稍受顛波。四步壬午。戌將午財吸來。本應大富。不合天干見壬。直對丙火。雖有乙傷轉環。總受病害。此運初進時。自難免破傷耗損。五步辛巳。干透印綬。本爲此造所最喜。地支巳火。

生助用神。更應見美。殊不知丙辛作合。將財合去。化爲比刼。財氣雖旺。勃入勃出。在此運中。雖歷任資署秘書。及縣長等職。結果清風兩袖。且幾爲債務所累。支喜干忌之運。每每財貴不足。至六步庚辰。兩乙奪合。辰又冲提。殊欠吉利。

月上偏官格

子平所載何參政之造

丙寅　己亥　癸卯

戊戌　庚子　甲辰

壬戌　辛丑

辛丑　壬寅

壬水無根。藉金依命。辛金坐庫。煞印相生。而月干戊土。得重戊之勢。惟賴一寅尅制。總嫌煞旺身輕。搖搖不勝其任。所喜行運。愈趨愈吉。初二兩步。即得身旺之鄉。三步透印。煞印相生。且丙辛化比。孤主得依。四步壬寅。干得比肩幫助。支則兩寅而制兩戌。假為權威。俱屬吉徵。五步癸卯。干支俱合煞取貴。自應振翮直上。六步甲辰。明煞得制。權勢更增。

文襄公左宗棠之造

壬申　九　壬子　丙辰
辛亥　　　癸丑　丁巳
丙午　　　甲寅　戊午
庚寅　　　乙卯　己未

丙得寅午之火。身已強矣。月提七煞。堪以作用。年干貴氣已顯。局勢雄厚。第欠制合耳。行運四五兩步。身雖得助。而煞未制合。名雖顯著。故此時。正在文正公幕中。襄助軍機。迨交丁巳戊午。合煞制煞。始任陝甘總督。平回亂。建豐功。足徵明煞不得制化。雖貴不顯也。至己未運。洩氣太重。壽七十九歲。

姜桂題氏之造

癸卯　四　乙卯　辛亥

丙辰　　　甲寅　庚戌

庚申　　　癸丑　己酉

辛巳　　　壬子

金水傷官。以煞取用。煞刼作合。身主又強。制化純宜。洵爲大格。第印綬稍感缺欠耳。且行運。第四步壬子起。即入佳境。故奮發甚早。庚戌水火更足。雖曰冲提。而有卯戌之合。亦屬吉徵。迨交己酉。煞印相生。故得聲勢大震。辰土又將羊刃合來。旣威且顯。不合卯酉相冲。羊刃一冲一合。凶亦在此。壽亦至此。

大總統袁世凱氏之造

己未　四　壬申　戊辰
癸酉　　　辛未　丁卯
丁己　　　庚午
丁未　　　己巳

月煞有制。應以作用。身強煞淺。假煞爲權。驟視之。以爲制煞太過。詎知土金金水。癸得轉生之氣。行運第四步。復得食神制煞。身主又強。即應顯達。五步傷煞作合。更爲勝美。不合戊癸化比。四柱財食。盡被所奪。是以一入此境。不免千里一蹶。削職歸田。正在此時。迨至辰字接氣。傷官得使。始得權威復顯。聲勢更增。六步丁卯。天干又逢比肩。且將生氣冲斷。至癸丑年。太歲尅身。身根入墓。是以大凶。

湖北綏靖主任何成濬氏之造

壬午　六丁未　辛亥
丙午　戊申　壬子
庚寅　己酉
戊寅　庚戌

煞旺身輕。與前何參政之造。意義相同。皆賴行運。制化得宜。此則七煞強制。偏印爲依。故主武。彼則煞印相生。故主文。照此造看來。月丙雖然得制。而孤庚無根。在幼年時。自不免三災八難。至二步戊申運。始栽佳根基。三步己酉。煞印轉生。身又得祿。定見逐步佳勝。四步庚戌。弱主得依。旺火歸庫。五步辛亥。合煞爲貴。支則寅亥作合。乾柴沾水。不生炎火。此兩運。制化純和。身用相稱。故得爲國重鎮。名騰當時。六步壬子。天干尙吉。惟地支水擊火競爭。總嫌綷。恐非佳象。

晉綏綏靖主任閻錫山氏之造

癸未　十　庚申　丙辰

辛酉　　　己未　乙卯

乙酉　　　戊午

丁亥　丁　己

乙木。附以未之墓爲根。地支煞印相生。身主有氣。月干七煞。左尅右洩。早己垂耳帖服。故成此格。惟火勢不足。倘須增助。初行庚申己未。土金嫌旺。自非吉境。三步四步。均係火旺制煞之運。臘背得背。故得在晉泰然坐鎮二十餘載。而爲上洽下孚之國家重要人物。五步丙辰。丙辛化水。固屬吉徵。然地支辰酉作合。增助煞勢。似不及己午之純和得宜矣。六步乙卯。建祿冲提。恐非勝境。

北平市長袁良氏之造

癸未 一 壬戌 戊午

癸亥 辛酉 丁巳

丁巳 庚申 丙辰

丙午 己未

水火既濟成象。身煞兩停。未得制化。且局中缺乏印綬。初運三步。俱欠佳吉。四步己未。煞始有制。漸見起色。五步戊午。合煞爲貴。自宜扶搖直上。聲華日隆。六步丁巳。亦係美境。此造雖得己午未三運。固屬勝美。然圖名有餘。謀利未足。蓋四柱缺少財星也。

江蘇督軍齊燮元氏之造

乙酉　八　己卯　乙亥
庚辰　　　戊寅　甲戌
甲寅　　　丁丑　癸酉
庚午　　　丙子　壬申

甲日坐寅。蒂固根深。月煞得合。應以作用。身主稍勝於煞。故得假煞爲權。自宜握帥符。而爲國家之干城。局氣雄厚。第欠火煉。行運四步丙子。丙火煉庚。支又得印。是爲美境。五步乙亥。兩乙奪合。天干稍忌。支乃甲木生地。身主加强。泰境可期。六步甲戌。干得比助。支則火庫開發。定當權威更足。名位顯榮。七步癸酉。煞印相生。尤爲勝美。惟辰酉合金。煞勢增强。誠爲干喜支忌。

北京市長余晉龢氏之造

戊子　五丁巳　辛酉
丙辰　戊午　壬戌
庚申　己未
戊寅　庚申

日坐建祿。身主高强。三合會水。以解寅申之沖。祿根既無碍。煞星亦無傷。金水成象。而以明煞作用。煞印相生。氣勢不凡。一逢制合。必貴必榮。行運。初交巳午兩步。俱欠佳吉。顚波自多。己未庚申。稍轉順遂。五步辛酉。干合煞。支合刃。既威且顯。自應逐步尊榮。名位日著。六步壬戌。壬水制煞。更爲勝美。但辰戌動提。三局爲拚。弟怕辰戌再見耳。

河北省主席商震氏之造

戊子　六　壬戌　丙寅
辛酉　　　癸亥　丁卯
乙未　　　甲子
丙子　　　乙丑

丙辛作合。煞印暗相生。格局甚佳。惟身根較淺。尙須扶助。初運三步。金水過旺。乙木泛浮。殊欠順吉。四步乙丑。丑未一冲。弱主轉强。旺金歸庫。身用相等。自當逐步升騰。威名赫奕。五步丙寅。兩丙奪合。稍嫌不純。好存寅木旺鄉。復振有期。六步丁卯。丁火固佳。但卯酉對擊。月提爲破。六旬後。宜善自珍攝矣。

軍政部長朱紹良氏之造

辛卯　二　丁酉　癸巳
戊戌　　　丙申　壬辰
壬申　　　乙未
庚子　　　甲午

壬得申子半會之水。身主旺極。月干透煞。有印洩化。地支卯戌作合。財根暗存。如此身煞印相等之造。實屬難得。四柱中。惟火勢稍感缺欠。初三步運。均係平吉。四步甲午。七煞得制。假爲權威。午戌會墓。旺財吸來。是則水火土金。四行均衡。故得鵬程邁進。聲譽日隆。五步癸巳。刼財與七煞相合。威名更顯。六步壬辰。水勢太泛。似欠平和。

京兆財政廳長張師乾氏之造

丙申　四　辛卯　乙未
庚寅　　　壬辰　丙申
甲辰　　　癸巳　丁酉
庚午　　　甲午

甲以寅祿爲根。庚以申祿爲根。身煞兩停。而年干丙火。亦得寅午之根。用以制煞。自深得力。地支建祿逢冲。幸得寅午會火。還擊申金。雖冲而根氣未傷。惟嫌重煞。尚須制化。初運平坦。無待絮述。三步癸巳。干得煞印相生。支則合申解冲。自應雲程進展。四步甲午。午火雖佳。惟甲比占奪建祿之根。干支欠和。前否後泰之象。五步乙未。乙庚合煞。駿發可期。第未爲甲墓。權位難常。六步丙申。干喜支忌。亦欠全吉。七步丁酉。煞勢頓增。恐身不敵。

月上正財格

財政總長李思浩氏之造

辛巳　十　辛卯　丁亥

壬辰　　　庚寅　丙戌

己亥　　　己丑

戊辰　　　戊子

月干壬水。通根於亥。又得兩辰之庫。應以為用。日月上正財格。最旺財輕。水運最喜。初行辛卯庚寅。均屬平吉。己丑多糾雜。戊子。戊雖剋財。而得一辛之轉生。子則旺水吸來。身財兩旺。大吉之徵。自應雲程邁進。綜理財政。當在此期。丁亥。貴氣雖暗現。然將用神合去。似非純吉。六旬後。交丙戌。干透印綬。辰戌動庫。定必檯位更紐。名重一時也。

月上偏財格

子平正財論內所載一命

辛丑　丙申　壬辰
丁酉　乙未　辛卯
丁巳　甲午
丁未　癸巳

但云巨富。予幼時曾三復研究。總以比肩叠叠。干透財星。敗家蕩產之造。何能致富。嗣後推查行運。始悟其旨。並非東南方之力。實仗壬癸有以制比也。丁巳日。自坐旺地。己酉丑會成財局。干透三丁。身財兩旺。取用以干透爲眞。應取年上之辛。不合月干透比。實爲重病。初行丙乙甲三運。病神得勢。非但無由發財。還恐貧不自給。至第四第五兩步。將其大病。尅盡合去。年干之財。始得接近自身

○而已辰又轉生財局○故得巨富○惟時干又見比肩○即使自身不散 ○ 後裔亦難永保○

清乾隆間宰相劉權之之造

壬子　癸丑　丁巳
壬子　甲寅　戊午
戊子　乙卯
壬子　丙辰

統稱地支一氣格○又名水底現崑崙○雖然○總須取用○照八字而論○財旺身弱○何殊富屋貧人○然此則爲富朝一品○其故惟何○行運制化得官也○初步癸丑○不免困厄○二步甲寅○顧身不遑○三步乙卯○博功名則可○爲官恐尙未許○四步丙辰○將全局壯水○吸收歸庫○又得丙火生身○身用相埒○雲程應自此始○至五步丁己

○丁火坐旺地○將天干壬水○盡被合去○其力不曾辰戌之吸收○並且暗現貴氣○戊土既得印綬○復占根基○是以大貴○位至相國○六步戊午○雖亦身旺美境○總嫌干支冲擊○不及丁己之純和○此造○若按棄命從財而論○則丁己戊午兩運○俱非吉境○然為宰相○正在此時○豈非土為五行之主宰○未肯輕易從化乎○

國務總理王揖唐氏之造

戊寅	一	壬戌	丙寅
辛酉		癸亥	丁卯
丁巳		甲子	戊辰
丁未		乙丑	己巳

丁己日○身主高強○月干辛金坐祿○又得戊土相生○是乃傷官生財格也○身財兩旺○格局本自不凡○至於月臨貴人○日時拱祿○茲姑不論○行運初二兩步○然旺

身輕。災患必多。三步甲子。即屬順境。四步乙丑。會成財局。乙木生身。干支俱濟。自應細揚騰達。邁進雲程。五步丙寅。丙辛作合。貴氣暗現。但將財星合去。五行所忌。名雖更著。總嫌不純。六步丁卯。比肩傷用。卯又冲提。更欠泰順。七步戊辰。八步己巳。干支和順。晚境亨通。

吉林省主席張作相氏之造

辛巳　一　庚寅　丙戌

辛卯　　　己丑　乙酉

辛丑　　　戊子

辛卯　　　丁亥

天元一氣。取財爲用。以官取貴。遇火煆煉。自必顯達。不文而武者。身坐武庫也。行運。第四步丁亥。假煞爲權。支雖官星被冲。而有卯木轉環。反得轉生之助。故得爲將爲帥。威名日著。五步丙戌。天干現貴。丑則與戌相刑。文武兩庫俱開。金得火煉。身用純和。官平掌文兼武。而爲疆域之重寄。六步乙酉。天地交戰。雖得會局。而將星對擊。殊非佳象。

時上一位貴格

子平所載詹丞相之造

壬午　辛亥　乙卯
庚戌　壬子　丙辰
甲午　癸丑
庚午　甲寅

甲木根氣毫無。而受兩煞之尅。煞亦無根。從又未許。此種命造。在幼年時。定多災難。命若懸絲。一見煞根。即難留存。却喜行運。初步即得長生。所謂栽根是也。二步壬子。絕水轉生。三步癸丑。刑開煞庫。可謂險矣。所幸天干得癸。煞印化解。倘若換一他字。即不易度過此關。四步甲寅。身主轉強。當得青雲之路。五步乙卯。化煞爲權。自應顯貴。六步丙辰。火庫頓開。一丙而制兩煞。力有裕如。并且通明成象。位至極品。想在此際。但辰戌相冲。雖能開發文庫。總嫌水火相擊。吉中含凶。總之八字愈險。氣勢愈足。倘得制化適宜。而發福亦愈厚。

國府委員李烈鈞氏之造

癸酉　三　壬戌　戊午
癸亥　　　辛酉　丁巳
壬申　　　庚申　丙辰
庚戌　　　己未

理以時上偏官取貴。局中金水旺甚。土氣太微。自宜火土旺運。方得相稱。二三兩步。辛酉庚申。顛頓之境。至己未。水泛有制。當得逐步升騰。戊午。則戊癸化火。氣勢更足。自宜握帥符。而膺居要職。名盛一時。六步丁巳。雖爲火土旺鄉。爲此造所喜。總因比肩見財。五行所忌。是以功績雖偉。至此不復興旂。七步丙辰。天干尚喜。支則水庫開發。不免泛濫。殊欠福利矣。

黑龍江將軍朱慶瀾氏之造

甲戌　九　戊辰　壬申
丁卯　　　己巳　癸酉
丁卯　　　庚午　甲戌
癸卯　　　辛未

以時煞取貴。丁火雖有戊庫之根。不合月干見比。先被所占。年干印綬。亦被所奪。然則日主根氣淺薄。所幸時煞根甚亦淺。不足爲患。但地支三卯。梟印重重。實爲大忌。照此看來。宜身旺。宜去梟。方爲得法。初運兩步。俱非佳吉。三步庚午。身臨旺地。卯木得化。庚雖黨煞。身強勝任。一入此境。雲程自應直上。四步辛未。忌神歸庫。且得刑開火墓。比旺而身亦強。是以假煞而爲權威。開府江省。必在此際。至比肩見財。因財無根。一尅即絕。故不爲禍。爲官清廉者。蓋因此也。五步壬申。比肩得除。印綬接近。然不合兩丁爭合。且申金助煞。身又轉弱。故此聲譽日隆。而權威消矣。六步癸酉。癸水制丁。尚屬美境。第卯酉相沖。恐非全吉。

孚威將軍吳佩孚氏之造

甲戌　五　己己　癸酉　丁丑

戊辰　庚午　甲戌

己酉　辛未　乙亥

丁卯　壬申　丙子

辰與酉合。以解卯酉之冲。身根既不受傷。煞勢亦不制之太過。假煞爲權。官握軍符。刼財重重。秉性廉潔。一局之內。以戊爲病。既隔官星。復占財印兩庫。行運第五步癸酉。始將戊辰之刼。干支俱合。天干變印。地支化食。官印相生。五行和純。制化之宜。無越於此。是故聲威大著。名震寰宇。六步甲戌、干支未順。七步八步。均係坦境。九步丁丑。酉丑會墓。殊欠康寧矣。

國務總理靳雲鵬氏之造

丙子　五　己亥　癸卯

戊戌　　庚子　甲辰

甲子　　辛丑

庚午　　壬寅

甲戊庚天干三奇。姑且不論。庚煞有制。而爲時上一位貴格。身固無根。而煞亦無甚。局中財星甚旺。甚險危之狀。實與前載曾丞相之造。相去無幾。行運四五兩步。身臨旺地。天干叉透印綬。煞印相生。依煞爲權。故而名位日隆。爲國務總理時。正在卯運。至甲辰。提綱爲破。水火頓發。身不相敵矣。

黑龍江省主席馬占山氏之造

乙酉　七　丁亥　癸酉

戊子　　　丙戌　壬午

戊午　　　乙酉

甲寅　　　甲申

官煞並透。並非混雜。實則年上官星。已被月比所奪。本身所得者。惟時煞耳。理宜棄官就煞。與去官留煞之義相同。身得寅午之火。根氣不淺。惟印綬未透。子午相冲。煞根未化。在在均須行運補綴。二步丙戌。根氣歸庫。即漸顯躍。三步乙酉。稍能振奮。四步甲申。視之以爲重煞。然有月比抵擋。於身未嘗遭尅。却喜地支。申子會水解冲。煞根化印。制化得宜。假煞爲權。故入此境。勳華大盛。名震宇內。五步癸未。印綬將現。理應聲望愈隆。不合兩男爭女。五行所忌。日未爲甲墓。用神藏隱。息影保泰。達人知機。六步壬午。干支不和。亦非吉境。照命理推來。蓋世英雄。不宜再有舊時矣。

安徽省主席陳調元氏之造

丙戌	八	庚子	甲辰
己亥		辛丑	乙巳
丙子		壬寅	
壬辰		癸卯	

辰戌一冲。水泛火微。喜木喜火。一見便知。三步壬寅。干雖重煞。得有傷比制拱。支則丙火通根。即係佳境。四步癸卯。傷官見官。所幸巳土無根。雖傷力怯。反仗一己之傷。官煞不雜。尤喜地支亥卯會木。煞印相生。自宜鵬搏萬里。貴矣顯矣。五步甲辰。甲己作合。傷官除去。不料接近。又係比肩。去忌就忌。反多耗損。辰則辰戌愈冲。水勢愈盛。而身亦愈弱。此境十載。自宜安心待時也。至六步乙巳。身旺得印。定必聲威復振。另有一番光榮。不過建祿冲提。吉中藏否耳。

時上偏財格

熱河省主席湯玉麟氏之造

癸酉　二　丙辰　壬子
丁巳　　　乙卯　辛亥
甲子　　　甲寅　庚戌

戊辰　癸丑

甲木衰微。賴印爲依。雖屬時上偏財格。仍以巳酉之官星取貴。丁火傷官。雖佩癸印。然丁火坐旺地。戊癸又化火。火旺水微。制之太輕。總以傷官爲病。必須行運損益。方爲順利。初運三步。雖係身旺。然官星助忌病。反爲否徵。四步癸丑。病得除而貴氣入墓。亦非佳境。五步壬子。去傷助身。始得漸展鴻圖。六步辛亥。貴氣透露。且喜己亥相沖。將其丁火之根。尅蝕剝絕。癸水得勢。去其透丁。官星雖現。無力傷矣。至於破提。而有酉金轉環。去火生水。反爲吉象。故得威鎮邊疆。名震一時。七步庚戌。庚則尅身。戊則開發庫物。故身不遂矣。

察哈爾主席劉翼飛氏之造

癸巳　五　己未　乙卯

庚申　戊午　甲寅

庚寅　丁己

甲申　丙辰

格係時上偏財。以己煞取貴。金氣過旺。木火太衰。又有月干之比。爲局中所忌。格成而病正多。大須旺火鎔冶。方成偉器。初運己未。土又生金。困頓之時。二步戊午。戊癸化火。寅午又會火。雖爲吉兆。然時火不能除明金。逐步順吉而已。三步丁己。貴氣出露。頑金得煉。而丁火力微。取貴則可。除病不足。故雖升騰。而名未著。五步丙辰。雖然去忌。假煞權威。本爲最喜。但辰土又生頑金。干喜支忌。顯赫難當。開府察省。想在此期。然尚須旺火流年。有以助起也。五步乙卯。忌神得去。振奮可待。總嫌火氣太微。謀利甚得。圖名難著也。六步甲寅。冲動月提。宜早收韁。

軍長何柱國氏之造

丁酉　五　庚戌　丙午

辛亥　　　己酉　乙己

甲申　　　戊申

戊辰　　　丁未

官星被傷。傷之不盡。木火傷官官旺。正此之謂。時干戊土坐辰。較辛丁得勢。格成時上偏財。然官星既經被傷。總須傷盡爲福。是則官見丙丁矣。初運三步。官煞重重。坎坷顚蹶。誠所不免。四步丁未。官星傷盡。本屬吉徵。但未爲甲墓。身主頓衰。一入此境。自宜光輝一現。不久即息。五步丙午。官星合去。暗印出現。上下純和。通明成象。定當鴻圖大展。名位更顯。六步乙己。乙則分福。己乃破提。湧退是宜。

印綬格

天王洪秀全氏之造

辛未　九　丙申　壬辰
丁酉　　　乙未　辛卯
壬戌　　　甲午
丁未　　　癸巳

日主雖弱。而月提得印。官煞生印。印綬生身。是則壬水有印可依矣。年干既透辛金。即以爲用。被財所傷。以丁爲病。苟將丁病除去。自必坐享富貴。其爲南面王也亦宜。故交癸巳壬辰兩運中。將其月干之丁。尅去合去。稱孤道寡者。越十五年。迨至辰字接氣。因會辰酉之合。雖有戌冲。水性不發。煞旺身輕。日元不任。太平天國。至此始亡。雖然。身根未傷。性命可保。謂其脫逃。自非虛傳。

文正公曾國藩氏之造

辛未　六　戊戌　甲午
己亥　　　丁酉　癸巳
乙卯　　　丙申　壬辰
丁亥　　　乙未

格取月提正印。貴取年干偏官。乙卯日。身主高强。財煞印三物。俱能勝任。此則出直。而以煞印爲用也。身旺煞淺。藉作權威。局勢甚雄。而印綬未顯。故至癸巳壬辰兩運中。自練湘軍起。屢敗洪楊。十五年中。建豐功。立偉業。名傳後世。功標簡冊。故凡印綬得用者。多主令聞。此造時支得印。故得後人崇仰。

大總統黎元洪氏之造

甲子　六　乙亥　己卯

甲戌　丙子　庚辰
丁巳　丁丑　辛巳
甲辰　戊寅

此則月上正印格。以年支之煞取貴。身強而印無根。且干透三甲。未免嫌雜。造行己卯運。印綬得根。復將雜者合去一層。用神清健。制化得稱。是以雲程直上。位至元首。凡得用印綬者。多享現成福。此公爲總統。不操心。不勞力。內外融洽。處尊泰然。富貴榮華。五行使然。

天津市長潘毓桂氏之造

甲申　六　甲戌　戊寅
癸酉　乙亥　己卯
甲戌　丙子

乙亥　丁丑

甲得亥水長生之氣。干透比劫。有根有依。日主堪稱不弱。月干癸水。通亥之根。應以作用。日月上正印格。仍以酉金官星取貴。但申酉戌連茹。金氣過盛。自礙身旺之運。若得南離。則成通明之象。更爲佳美矣。初運甲乙。比劫奪福。殊欠吉利。三步丙子稍見佳順。四步丁丑。干透傷官。象成通明。丑將旺金吸收。身用相等。雲程自應進展。五步戊寅。身臨旺鄉。更應佳勝。但戊土將癸水合去。有傷印綬。是乃前否後泰之徵。六步己卯。用神遭尅。官刃交戰。恐非美境。

立法院長孫科氏之造

戊子　四　丁巳　辛酉

丙辰　戊午　壬戌

甲子　己未

辛未 庚申

此乃雜氣印綬格也。甲木通根於未。身旣不弱。兩子歸宿於辰。水亦不泛。却喜天干所透。皆係吉物。並且暗現印綬。是則財官印食。一人所占。五行均衡。干支和順。眞福造也。查行運。初三步俱欠吉順。四步五步。皆官煞化印。藉作權威。自應聲華日著。權位日隆。惟六步壬戌。辰戌相冲。梟食爭勢。恐不如前兩運之康且吉矣。

劇界博士梅蘭芳氏之造

甲午 六 乙亥 己卯

甲戌 丙子 庚辰

丁酉 丁丑

癸卯 戊寅

時干雖見癸水。卯酉一沖。煞根已絕。不足爲用。四柱看來。當以取印爲是。建祿入墓。火勢未餒。日坐長生。爲財之根。身有印助。財得傷生。身財均勢。局氣自麗不凡。且子午卯酉。本主才藝。印綬得用。不貴亦榮。其爲伶界聞人。馳名海外也宜矣。行運第三步。丑戌動庫。身財兩旺。自官聲華日著。財富日雄。四步五步。皆係佳境。六步庚辰。發庫見煞。殊欠福利矣。又戊寅運。傷官合煞。倘若地支有水。以煞取用。至此豈不既貴且顯乎。足徵此造。不重時煞。而重月印也明矣。

劇界聞人程艷秋氏之造

癸卯　十　癸亥　己未

甲子　　　壬戌

甲午　　　辛酉

癸酉　庚申

子午卯酉。四旺俱全。子水居提。以印作用。年干癸水。為比所奪。時干癸水。接近本身。自應撤年就時。四支雖冲。制水乏土。金火遭尅。水木未傷。兩干不雜。身用相等。佳造也。印綬生身。多主榮譽。威池錯亂。藝術超倫。其為伶界聞人。五行所賦也。至其行運。初步癸亥。水勢太泛。似欠吉利。二步壬戌起。即應漸趨佳境。辛酉庚申。更為勝美。五步己未。甲己作合。天干無礙。惟未土既尅用根。身又入墓。似非吉徵。

傷官格

軍委會副委員長馮玉祥氏之造

壬午　一辛亥　乙卯　己未

庚戌　壬子　丙辰　庚申

己酉　癸丑　丁巳
庚午　甲寅　戊午

己土通兩午之根。一戌之依。可謂强矣。兩透傷官。身旺騰任。庚以生財。酉則佩印。雖謂忌神。實己早得制化矣。局勢甚足。其爲大將之才。賦命使然。惟庚爲頑金。總須火煉。初三步運。水旺制火。俱非吉境。四步甲寅。雖曰傷官見官。所幸甲木坐祿而來。會火制金。雖傷力怯。且甲己作合。夫可從妻。凶而有解。反爲吉兆。是以至此。聲威大震。扶搖直上。五步乙卯。兩庚爭合。用神不安。自不免乍起乍伏。五步丙辰。頑金得煉。辰戌動庫。旺火頓發。是爲制化最宜之境。自必名位更隆。權勢益足。辰土雖然冲提。然火旺水微。尅之不動。且有酉字可解。故不爲患。至丁己戊午。亦爲五行所喜。不減威風。己未亦屬坦境。惟庚申不免洩之太過矣。

河北省主席王樹常氏之造

甲申　四甲戌　戊寅
癸酉　乙亥　己卯
庚辰　丙子
丁亥　丁丑

以傷官爲用。以丁火發貴。是則金水傷官喜見官之格也。官星帶刃。主軍職。故其經文緯武。才智軼羣。雖然。傷官總爲忌神。不制服不受聽使也。惟其行運。乙亥丙子。水勢太泛。身用未稱。丁丑亦非美境。是以雖負經綸。而名未著。五步戊寅。合傷官而現貴氣。大吉之象。然地支火力太微。氣勢不足。一入此境。聲威大震。而誼赫未久。蓋干喜支忌之故也。六步己卯。得印去忌。亦屬吉徵。但卯木犯刃。局中所忌。聲威尙能復振。權勢恐難如前。此造局氣甚足。可惜行運之制化。未得純和。最相稱者。祇得一戊字耳。

司法總長羅文幹氏之造

己丑　二丁卯　癸亥

戊辰　丙寅　壬戌

丁己　乙丑

庚戌　甲子

丁己日。身主高强。月干戊土坐辰。時上庚金。通根於己丑。是爲傷官生財格也。傷官主兵刑。主才智。其長法曹。而任折衝。五行所賦。惟局中缺乏水份。殊嫌乾燥。須賴運助。前三步不足深論。四步甲子。甲木尅戊。以吉制凶。子辰會水。藉戊發庫。五步癸亥。非特將傷官合去。并且干支俱水。乾燥之局。得水爲濟。制化之宜。無以加矣。宜其鵬搏萬里。名滿寰宇。六步壬戌。雖亦是水。無如兩戌動辰。火旺水竭。壬水勢孤。不足抵戊。非吉境也。

內政部長薛篤弼氏之造

庚寅　十己卯　癸未
戊寅　　庚辰　甲申
丁己　　辛己
乙己　　壬午

乃傷官生財格也。丁火於己爲旺地。戊土於己亦得勢。庚金於己爲長生。是則丁戊庚三物。皆通根於二己之中。得一分三。正此之謂。局中木火相生。火勢較盛。且又缺乏水分。格局雖成。而氣勢未均。查其行運。二步庚辰。即隱漸趨佳境。三步辛己。更爲勝美。蓋再見財星。生洩有情也。故得才華冠時。名位日隆。雖然。亦須藉金水旺盛流年。有以助起也。四步壬午。傷官見官。爲火土局所最忌。午又半會。火勢更燄。自欠福利。五步癸未。傷煞作合。未以洩火。東山復起。可爲預卜。至甲申。干喜支忌。先吉後否。

軍會委員長蔣介石氏之造

丁亥　八　己酉　乙巳
庚戌　　　戊申　甲辰
己巳　　　丁未
庚午　　　丙午

凡土金傷官。愈得火制。則發福愈厚。此爲五行之至理。此格與馮副委員長之造。將年上干支一掉。實祇差己與丙之一字。彼則傷官得刃。此則傷官得生。一生一刃。而分身用之地。且此第四步即得丙午運。制化成構。比將起來。似勝一籌。故得統制全國之軍政。而爲世界之名人。惟第五步乙己。雖屬火旺美境。但兩庚奪乙。用神欠寧。此境之內。自不免宵旰勤勞。難期安逸也。六步甲辰。傷官見官。非佳徵矣。

山西實業廳科長羅伯平氏之造

丙申　六　乙未　己亥

甲午　丙申　庚子

癸卯　丁酉

庚申　戊戌

月干傷官。既生財。復佩印。頑性早已垂耳帖服。局勢不凡。惟日主賴長生爲根。稍嫌衰微耳。行運二步三步。干透財 。支得印。財印相抵 。故此兩運之內。均在財政界。歷任鹽務稅務課長局長等差。至四步戊戌。透官固佳。不合地支財星入墓。且戊戌土旺。身衰不敵。一入此運。即轉爲實業廳科長。初尚不覺爲患。迨至近數年來。東奔西走。圖謀既不如心。甚將早年所蓄。盡行撤棄。足徵財星入墓。爲患不輕也。第五步己亥。傷官得合。身臨旺鄉。雲程直上。可以預卜。照其局勢而論。官級當能至簡任以上。幷且財氣極旺。六步庚子。身用俱傷。毋待絮述。

木火通明

清光緒間狀元黃思永之造

壬寅　癸卯　丁未

壬寅　甲辰　戊申

甲寅　乙巳

丙寅　丙午

甲木得四寅之祿。丙火受四寅之生。身用兩旺。通明成象。年月兩透壬水。驟視之。以爲食神逢梟。殊不知壬水無根。身主强健。水生木。木生火。於丙未嘗受傷也。是以文才冠軍。英名蓋世。但局中無半點貴氣。并且缺乏財星。行運亦未遇庚辛。故雖身爲狀元。始終不得一官半職。未享富貴之實。五行使然。非關人事也。

廣東省主席陳濟棠氏之造

庚寅　二己卯　癸未

戊寅　庚辰　甲申

甲子　辛巳

丙寅　　壬午

天干三奇。乃統稱也。茲論其通明成象。年煞取貴。月干又透財星。較之前造。似勝數點。且共七煞用事。故主兵權。至行運。三步丙辛化印。即應逐步興奮。四步壬干。干透印殺。煞印相生。寅午會火。通明之象更顯。此境之內。自宜雲程邁進。權位日隆。五步癸未。戊癸化火。固屬佳吉。惟未爲甲墓。身主驟弱。干喜支忌。殊難全美。六步甲申。非泰境矣。

潤下格

委員長王克敏氏之造

丙子　一　癸己　　丁酉

壬辰　　　甲午　　戊戌

壬申　乙未　己亥

乙己　丙申

申子辰會局。水全潤下。而成專一之格。身主高强。可以三用並取。貴取辰中之煞。才皆取乙木傷官。年干透財。故長於經濟。惟月干壬水。爲全局之病。所謂比肩奪福是也。一生財旺。俱爲彼所剝奪。自須除去。方爲福利。至行運。四步丙申。水火既濟成象。鵬程自應日展。五步丁酉。丁壬作合。將病移去。支又合煞爲貴。故得大展抱負。名震當時。六步戊戌。七煞嫌重。且辰戌動庫。水局幾乎爲破。殊欠吉利。七步己亥。雖亦美境。但己亥相冲。總不及丁酉之制化純和也。

炎上格

曾廣勷氏之造

丙戌　六辛卯　乙未
庚寅　　壬辰　丙申
丙午　　癸巳
丁酉　　甲午

丙丁局全寅午戌。勢成炎上。炎上之格。投金則鎔。潑水則烟。故取用較難。祇能從其類。而順其勢。此造局中。既無涓滴之水。月干財星。又彼年庚尅絕。無用可言。自宜順從其性。方爲吉利。幼運辛卯平吉。二步壬辰。難免顛蹇。三步癸巳。稍見佳吉。四步甲午。應爲美境。五步乙未。財星合去。且地支戌未相刑。火庫開發。炎炎烈燄。無處收蓄。辛未爲己土。尚有生洩之餘地。可解一二。故此境十載。難期佳勝也。六步丙申。寅申相冲。亦非全吉。

曲直格

文忠公李鴻章氏之造

癸未　五　癸丑　己酉
甲寅　　　壬子　戊申
乙亥　　　辛亥　丁未
戊寅　　　庚戌

曲直仁壽。本忌金尅。此造寅亥作合。係屬溼木。見金反相轉生。行運第五第六兩步。干透戊己。固屬吉徵。支見申酉。反藉爲權威。故至此而爵祿迭晉。丁火旺木得洩。位至相國。惟至未字。墓庫重逢。自非所宜。凡五行生尅制化。局局不同。正不可一概而論也。

關監督張濟新氏之造

戊辰 二丙辰 庚申
乙卯 丁巳 辛酉
甲寅 戊午 壬戌
丁卯 己未 癸亥

甲臨寅卯辰一氣。格稱曲直。曲直主壽。故曰仁壽。凡專一之局。多取財為用。此則時透傷官。足洩旺木之氣。傷官得用。主才學。主智謀。故以書生而佐戎幕。文章道德。為時所推重。雖然。總以月建劫財為病。尚須藥石。有以解之。行運初三步皆平吉。四步己未。羊刃遇財。大否之徵。五步庚申。劫財合去。始轉泰境。六步辛酉。將乙卯剋去。接近戊辰之財。制化最稱。自應名利雙收。監督稅政。想在此期。至壬戌癸亥。持盈保泰。晚景優游。

從革格

無名氏之造

庚子　八　乙酉　巳丑
甲申　　　丙戌
辛酉　　　丁亥
乙未　　　戊子

日坐建祿。又得申金之旺地。子水之長生。局中又無一星之火。堪爲從革格矣。干透甲乙。自應取財爲用。然月干甲木無根。又被年庚剋絕。時干乙木坐庫。而庫未開。又被年庚隨爲之奪。凡專一之局。既將財星剋絕。自無用可言。惟有順從其性矣。初運乙酉。由屬本順。二步丙戌。從革見官。木爲格局所忌。殊不知戌未相刑。財官兩庫俱發。更換面目。一變而為火煉頑金。初進時。固見刑尅。多災病。甚至傷殘兩部。迨二三年後。即入政界作事。歷任科員科長稅捐局長。至三步丁亥。無根之煞。尅剝辛金。且亥為甲木長生。謂之死物復生。此境十載。每況愈下。貧幾徹骨。四步戊子。身旺得印相生。名可圖矣。復得食神。而洩旺之金氣。衣食無憂矣。但無半點貴氣。欲博一官半職。恐為五行所未許也。五步己丑。將甲木之死物移去。化為印綬。文則財庫冲開。名利自應更足。第建祿入墓。生命至此亦殆矣。

建祿格

執政段祺瑞氏之造

乙丑　一　戊寅　　甲戌

己卯　　　丁丑　　癸酉

乙亥　丙子　壬申

壬午　乙亥

建祿生提月。局中無官星。故曰建祿格。又以財印身交錯得祿。謂之交祿格者。亦可。無論建祿交祿。俱以月提之卯木爲重。名稱雖殊。取用則同。自當身旺印助。忌見官煞矣。是以乙亥甲戌兩運並佳。任湖北督軍及陸軍總長。均在甲戌十年之內。至癸酉。天干透印。更爲顯揚。而任內閣。不合地支見酉。建祿受傷。五十六歲後職事失敗。至壬復起。申字又落。以上兩運。皆係干喜支忌。是以起伏無常。

歸祿格

行政院長汪精衛氏之造

癸未　十　乙卯　辛亥

丙辰　甲寅　庚戌

戊申　癸丑

丁己　壬子

日祿歸時沒官星。號青雲得路。凡歸祿之格。必須財印。印愈旺。局勢愈足。財愈多。則發福愈厚。此爲五行之定理。局中戊癸化火。天干帶成火象。地支水雖有根。尚嫌不足。須賴行運補助。初行乙卯甲寅。官煞破局。艱辛必多。三步癸丑。尚非全吉。四步壬子。申子辰會成水局。財印身三勢平衡。是以萬里鵬程。振翮直上。權握中樞。名揚四海。五步辛亥。丙辛化水。更臻佳勝。但地支建祿遇冲。雖有申字之解。總受傷尅。自不如前運之純而且和。六步庚戌。辰戌動提。殊欠吉利。

棄命從財

行政院長宋子文之氏造

甲午 一 丙子 庚辰

乙亥 丁丑 辛巳

庚辰 戊寅

己卯 己卯

日元庚金。四柱毫無根蒂。惟月干乙木。既通亥卯之根。復得長生之氣。財甚旺。而身太弱。時干雖得印綬。而己臨卯位。氣亦衰微。甲己逢合。反化爲木。庚既失依。底氣不能自立。乙庚有情。夫却從妻。此乃棄命從財格也。是以一生多財。長於經濟。運行三四兩步。復得寅卯。助起財局。故得聲華大顯。權位日隆。雖身爲院長。尙兼財部。總不能脫離財政與經濟之兩道。至五步庚辰。兩庚爭合。六步辛巳。劫財助身。俱欠純和矣。

清帝宣統皇之造

丙午　一辛卯　乙未

庚寅　壬辰　丙申

壬午　癸巳

丙午　甲午

地支純火。壬水無根。棄而從丙。是爲棄命從財之格。喜木火而忌壬癸也明矣。初行辛卯。丙辛化水。好在地支無水。化而不眞。故三歲爲帝。至六歲辛亥年。壬水得根。化氣眞眞。殊爲九行所忌。是以遜位。二步壬辰。身得比肩。自欠吉利。癸巳。巳雖火旺。但癸水盖頭。總嫌不純。四步甲午。五步乙未。干支俱旺。定當由此而更與帝業也。六步丙申。壬水過生。前泰後否之徵。

井欄斜叉

壬申　四　乙巳　己酉　癸丑
甲辰　丙午　庚戌
庚子　丁未　辛亥
庚辰　戊申　壬子

此乃井欄斜叉格也。以申子辰暗冲寅午戌之官星爲用。凡成此格者。莫不貴官。行運喜官印。財次之。此公初行丙午丁未。三考出身。戊申己酉兩運。因透印綬。歷任縣知事十餘年。迨交庚戌。辰戌一冲。格局爲破。幷將甲財尅絕。此境之內。自難免刑傷迭見。損耗頻連。至於辛亥壬子兩運。水勢太泛。洩氣過重。亦非美境。癸丑。則日元遇墓。尤欠吉利。

普通命造

戊申　一乙卯　己未　癸亥
甲寅　丙辰　庚申
丁巳　丁巳　辛酉
甲辰　戊午　壬戌

此造。取甲木印綬為用。以辰中癸水取貴。不合寅申相沖。印根受傷。不能成格。好在身强。時煞勝任。不離貴宮。故宦在政作界事。至其行運。二步丙辰。丙奪丁光。自不免顛沛困厄。丁未丙午。身旺無財可尅。平順而已。五步己未。印綬遇墓。至此恐復偃蹇難起。而與懷才不遇之嘆。六步庚申。亦欠順吉。七步辛酉。泰境始轉。壬戌癸亥。老運亨通。名利雙收。此造雖不顯達。且稱壽命。

甲辰　二己巳　癸酉
戊辰　庚午　甲戌
甲午　辛未
丁卯　壬申

此造。取月干戊財爲用。而有年干甲木尅制。財星被叔。時上傷官。通根於午。洩力重甚。是爲財旺身弱。局中無半點貴氣。宜爲商業中人。行運初二兩步。火旺身衰。屢遭困厄。三步辛未。略稍伸展。亦不免辛勤勞苦。四步壬申。始見順遂。此運十載。爲最佳勝矣。五步癸酉。用神合去。破耗自難避免。幸地支酉金甚佳。當爲先否後泰之徵。六步甲戌。殊欠禎祥。

丁未　八辛丑　丁酉
壬寅　庚子　丙申

己酉　己亥
辛未　戊戌

此造官星得令。豈非月上正官格乎。不合一木兩受兩庫之吸收。又遭酉金之剋制。氣勢毫無。難以爲格。其爲機關中充任小事者相稱矣。至行運。初步身旺欠吉。庚子己亥即係佳境。四步戊戌。官印兩庫。雖俱開發。無如劫財太旺。尅絕財星。非但難以奮發。且恐徒刑重重。破傷迭是。實爲否境。五步丁酉。泰運始轉。六步丙申。前吉後凶。如此造。官星被墓吸收。即得亥子兩運。尚且生助不起。足徵墓庫之弱五行。爲患不輕也。

貧苦命造

己亥　八丙寅　壬戌
丁卯　乙丑　辛酉

丁酉 甲子
壬寅 癸亥

此造日坐長生。時得壬寅。官印俱全。不合卯酉一沖。生氣斷絕。滿盤吉物。身弱不任。所謂小人命內。亦有正官正印者是也。總以官星透露。不能脫離貴宦之門。故為政界人員。拉包月車。操夫役事。且在丑運內。因生氣入墓。曾患大病。身幾殘廢。以後六步。亦不得身旺之運。命薄而運又不濟。造化如此。夫復何言。

丁亥 九 丙午 壬寅
丁未 乙巳 辛丑
己亥 甲辰
乙亥 癸卯

此造己臨未月。在土旺後。身主弱極。天干透身透煞。俱係忌物。地支雖得三亥之財。皆爲隱支用神。不能作用。然旣無制。梟亦不服。是以一生鬼頭。行運第三步。即得正官。而爲梟印阻擋。反生忌神。雖然。於本身亦能得着三分貴氣。故至此而爲乞丐之頭。雖不貴官。亦能管轄化子。足見人生貴賤。全在五行。四步五步。癸卯壬寅。均爲制梟之運。常能勉求衣食。六步辛丑。梟印遇食。第恐飢寒而亡。

凶夭命造

闖王李自成氏之造

丙戌　五　戊戌

丁酉　　　己亥

丁巳　　　庚子

庚戌　辛丑

凡月干透比刼而見財星者。多主貪心。此命身旺財薄。故亦好貪。不貪財物。而貪帝業。洵爲大貪之家矣。運行辛丑。身財兩旺。且丙辛作合。貴氣暗現。一生好貪。至此始滿其慾。富貴如心。南面稱王。不合比刼見財。在五行爲之凶徵。而又己酉丑會局。身根入墓。得一戌庫門爲開。出入自由。而此得兩戌。庫門爲破。氣爲之散。故壽至四十三歲而卒。

張献忠之造

丙戌　五戊戌　壬寅

丁酉　己亥

丁巳　庚子

辛亥　辛丑

此造。與李自成命。相差祇一時辰。故同時亂國。此則七煞逢冲。貪而且兇。較李爲好殺。己亥一冲。身根受傷。福澤毫無。且時干所透係偏財。是以所貪者亦偏。其爲盜賊而貪財色也宜矣。辛丑運中。兇勢亦大張。而身不死者。得一戌之開庫門耳。壬寅運。劫財與官星作合。化爲印綬。地支煞又作合。至此理應去邪歸正。大抵根底淺薄。不任吉慶。至四十八歲而死。

辛卯　三乙未

丙申　甲午

丙子

壬辰

此造柱與根氣。而受時煞之尅。本可依旁月干之丙。無如丙辛又化爲水。煞旺身輕。且身比奪合。謂之兩夫爭妻。亦屬兇格。行運至第二步甲午。羊刃冲動水局之將星。水旺火土微。冲之不動。至庚戌年。非特日犯歲君。並且辰戌相冲。三局爲散。子水還尅午火。水泛火衰。身根尅絕。卒因爭美而遭兒殺。甲午運。本屬弱主得根。若僅子午相見。三合之局。並無妨礙。倘不遇庚戌之歲。誠無凶險可言。流年之重要。於此可見。

丙辰　一　辛丑
庚子　　　壬寅
戊申　　　癸卯
甲寅

此造戊土根淺。而受時煞之尅。煞又得庚金之制。庚金又受丙火之傷。輕重較量。總嫌煞旺身輕。而金强火微。初運辛丑。丙辛貪合。庚不受傷。二步壬寅。丙遇壬尅。傷庚之力。此兩步庚金均有氣勢可以制煞。迨交癸卯。丙火失制。直尅庚金。七煞失制。直尅日元。至丁丑年五月。庚既逢墓。復遭旺火之尅。制煞之功能盡失。遂患急症而亡。此造干得天三奇。身既不保。三奇何托 。故凡節外生枝之名目。實不足以深究也。

雜說一

人生在世。吉凶禍福。不應前知。所謂人心渾渾。世界濛濛。倘若前知。害多利少。預知其福。不免驕狂。福尚未至。而禍先招。預知其凶。不免憂患。凶期未屆。先自灰心。甚有輕身而自戕者。如此豈非逆天乎。逆天之咎。勢必歸於操五行術者。況人以金錢來。原欲知將來之禍福。若不實言相告。跡近欺騙。欺騙取利。又犯天責。故操是業者。甚不易也。必須察言觀色。隨機應變。凡青年佻達者。性多輕狂。吉凶雖亦明指。必須加以警勸。使其不致驕狂而惹禍。謹愿誠厚者。心多憂慮。必須加以慰藉。使其不致過於灰心。如此而言吉凶。庶有豸乎。至五行遺法。實為吾國至寶至貴之術。既為五行家者。自應及時振興。而為五行顯光。藉保國粹。倘若仍蹈前轍。一味敷衍。必致令人更不信仰。任其淹沒。誠可嘆惜。目今而論。對於此道書籍。已不易多得。新書舖中。雖累累滿架。多係艷情愛情等之小說。詢及最普通之淵海子平。或三命通會。簡直不知爲何詞。但答本舖無是書。請至舊舖中。或許有之。可知此項書籍。已爲新潮流所打倒。若不設法提倡。久而久之。恐舊書舖中。亦將不出是項坊本矣。至於命理探源。滴天髓等書。羅致更屬不易。

雜說一

凡操五行業者。第能知吉凶。而不知趨避之術。且所知之吉凶。亦不過犖犖大者。譬如一運之傷尅。但能知其破耗。究竟破多少財。耗多少貨。誰亦不能實斷其數目。然來詢之者。恨不得將分鐘時刻。一一爲之說明。稍一不符。即謂命理無憑。甚有請教避免之法者。照五行而論。若犯火土尅害者。宜趨北。金水尅制者。宜趨南。然亦多不應驗。惟有大凶大禍者。勸其行功修德。誦經念佛。每有可以解禳。見者屢屢。所謂佛法無邊。真有不可思議之處。

附錄起四柱法

年上起月例

甲己之年丙作首。乙庚之歲戊爲頭。丙辛年上從庚起。丁壬壬位順行流。若問戊癸何方發。甲寅之上好追求。

其法。如甲己年生人。於寅上起丙寅。以正月爲丙寅月。二月爲丁卯月。三月爲戊辰月。順數下去。一月一位。至其所生之月爲止。凡過立春節者。即爲正月。驚蟄爲二月。清明爲三月。　又如乙庚年生人。於正月起戊寅。二月爲己卯矣。餘皆倣此。

日上起時例

甲己還加甲。　乙庚丙作初。　丙辛從戊起。　丁壬庚子居。　戊癸何方發。
壬子是眞途。

其法。以甲己日從子上起甲子。如子時生人爲甲子。丑時生人爲乙丑。寅時生人爲丙寅。順數下去。一時一位。至其本生時止。又如乙庚日者。以丙子時起。丁丑戊寅順數下去。餘皆仿此。

十干相見例

凡尅我者爲正官偏官。生我者爲正印偏印。我尅者爲正財偏財。我生者爲傷官食神。比和者爲比肩刼財。

日主橫看

日主　甲丙戊庚壬

　　甲丙戊庚壬　爲比肩。

　　乙丁己辛癸　爲刼財。

天　丙戊庚壬甲　爲食神。

干　丁己辛癸乙　爲傷官。
五　戊庚壬甲丙　爲偏財。
陽　己辛癸乙丁　爲正財。
通　庚壬甲丙戊　爲偏官。又名七煞。
變　辛癸乙丁己　爲正官。
　　壬甲丙戊庚　爲偏印。又名梟印。或倒食。
　　癸乙丁己辛　爲印綬。即正印。

日主橫看

日主　乙丁己辛癸
　　　乙丁己辛癸　爲比肩。
　　　丙戊庚壬甲　爲傷官。

天干五陰通變

丁己辛癸乙　爲食神。

戊庚壬甲丙　爲正財。

己辛癸乙丁　爲偏財。

庚壬甲丙戊　爲正官。

辛癸乙丁己　爲偏官。又名七煞。

壬甲丙戊庚　爲印綬。即正印。

癸乙丁己辛　爲偏印。倒食。梟印。

甲丙戊庚壬　爲刼財。

十二支中藏物

子宮癸水在其中。　丑癸辛金己土同。　寅中甲木兼丙戊。　卯宮乙木獨豐隆。

辰藏乙戊三分癸。　巳宮庚金丙戊從。　午內丁火并己土。　未中乙己丁共蹤。

申有庚金壬水戊。　酉字辛金居一宮。　戌則辛金及丁戊。　亥藏壬甲是正宗。

月律分野

子。壬水十日五分。癸水二十日七分。辛金長生。　丑。癸九日三分。辛三日一分。己土十八日六分。　寅。戊土七日二分半。丙七日二分半。甲木十六日二分半。　卯。甲十日五分半。乙二十日六分半。癸長生。　辰。乙九日三分。癸六日一分。戊十八日六分。　巳。戊五日一分半。庚九日三分。丙十六日五分。　午。丙十日三分半。己九日三分半。丁十日三分半。　未。丁九日三分。乙三日二分。己十六日六分。　申。己七日一分半。戊六日一分半。壬三日一分半。庚十七日六分。　酉。庚十日五分半。辛二十日七分半。丁己長生。　戌。辛九日三分。丁三日二分。戊十八日六分。　亥。戊七日二分半。甲五日一分半。壬十八日六分。

五行發用定例

長生。　沐浴。　冠帶。　臨官。　帝旺。　衰。　病。　死。　墓庫。

絕。胎。養。五陽干順行。五陰干逆行。

陰陽順逆生旺生絕之圖

地支	甲	丙戊	庚	壬	乙	丁己	辛	癸
巳	病	祿	生	絕	敗	旺	死	胎
午	死	旺	敗	胎	生	祿	病	絕
未	墓	衰	冠	養	養	冠	衰	墓
申	絕	病	祿	生	胎	敗	旺	死
酉	胎	冠	旺	敗	絕	生	祿	病
戌	養	墓	衰	冠	墓	養	冠	衰
亥	生	絕	病	祿	死	胎	敗	旺
子	敗	胎	死	旺	病	絕	生	祿
丑	冠	養	墓	衰	病	墓	養	冠
寅	祿	生	絕	病	旺	死	胎	敗
卯	旺	敗	胎	死	祿	病	絕	生
辰	衰	冠	養	墓	冠	衰	墓	養

十干生旺死絕

甲木生亥○沐浴子○冠帶丑○建祿寅○帝旺卯○衰辰○病巳○死午○墓未○絕申○胎酉○養戌○

乙木生午○沐浴巳○冠帶辰○建祿卯○帝旺寅○衰丑○病子○死亥○墓戌○絕酉○胎申○養未○

丙火戊土生寅○沐浴卯○冠帶辰○建祿巳○帝旺午○衰未○病申○死酉○墓戌○絕亥○胎子○養丑○

丁火己土生酉○沐浴申○冠帶未○建祿午○帝旺巳○衰辰○病卯○死寅○墓丑○絕子○胎亥○養戌○

庚金生巳○沐浴午○冠帶未○建祿申○帝旺酉○衰戌○病亥○死子○墓丑○絕寅○胎卯○養辰○

辛金生子○沐浴亥○冠帶戌○建祿酉○帝旺申○衰未○病午○死巳○墓辰○

絕卯。胎寅。養丑。

壬水生申。沐浴酉。冠帶戌。建祿亥。帝旺子。衰丑。病寅。死卯。墓辰。絕巳。胎午。養未。

癸水生卯。沐浴寅。冠帶丑。建祿子。帝旺亥。衰戌。病酉。死申。墓未。絕午。胎巳。養辰。

十二支六合

子與丑合土。寅與亥合木。卯與戌合火。辰與酉合金。巳與申合水。午與未合。午爲太陽。未爲太陰。合而不化。

十二支三合

申子辰合水局。亥卯未合木局。寅午戌合火局。巳酉丑合金局。辰戌丑未爲土局。

十二支相冲

子午相冲。寅申相冲。卯酉相冲。辰戌相冲。丑未相冲。己亥相冲。

十二支相穿

子未相穿。丑午相穿。寅己相穿。卯辰相穿。申亥相穿。酉戌相穿。

十二支相刑

寅刑己。己刑申。申刑寅。爲恃勢之刑。丑刑戌。戌刑未。未刑丑。爲無恩之刑。子刑卯。卯刑子。爲無禮之刑。辰午酉亥。自刑之刑。

地支三破

子破卯。卯破午。午破酉。

十干相合與化氣

甲與己合化土。乙與庚合化金。丙與辛合化水。丁與壬合化木。戊與癸合化火。

日干祿

甲祿寅。乙祿卯。丙戊祿巳。丁己祿午。庚祿申。辛祿酉。壬祿亥。癸祿子。

驛馬

申子辰馬在寅。寅午戌馬在申。巳酉丑馬在亥。亥卯未馬在巳。

華蓋

寅午戌見戌。巳酉丑見丑。申子辰見辰。亥卯未見未。

桃花

申子辰見酉。寅午戌見卯。巳酉丑見午。亥卯未見子。

羊刃

甲在卯。乙在辰。丙戊在午。丁己在未。庚在酉。辛在戌。壬在子。癸在丑。

起大運法

凡起大運。俱從所生之日。陽男陰女順行。數至未來節。陽女陰男逆行。數至已過去節。均按三日折除。以爲一歲。陽男陰女順運。假如甲子年。甲己之年丙作首。正月建丙寅。初一日立春。後一日生男。順數至二月節驚蟄。得三十日。起十歲運。順行丁卯。第二步戊子。第三步己丑。如乙丑年。乙庚之歲戊爲頭。正月起戊寅。初一日立春。十八日生女。順數至二月驚蟄節止。得十二日。按三折除。起四歲運。順行己卯。餘倣此。陰男陽女逆運。假如乙丑年。乙庚之歲戊爲頭。正月起戊寅。初一日立春。後十五日生男。逆數至初一立春節止。得十五日。按三折除。三五十五。起五歲運。逆行丁丑。丙子。乙亥。逆排下去。如甲子年。甲己之年丙作首。正月丙寅。初一立春。後十日生女。逆數至初一立春止。得九日。爲三歲運。逆行乙丑。餘皆倣此。若多一時。則餘十天。多一日。則餘一百二十天。假如一命。正月初四日寅時生男。係陽命順行。而正月初一子時爲立春。由初一子時數至所生之時。計得四日零三時辰。應作一歲起運。餘一百五十天。以三十日爲一月。計越五個月。則在同年芒種節進運矣。如少一時。則爲欠十天。後退可也。順逆俱如此。

潤例

譚命	一元
批命	二元
詳批命運	五元
詳批終身	十元
細批終身	二十元
合婚	二元
擇日	一元
奇門六爻占事	二角

通函附潤照理

中華民國二十七年五月出版

子平玄理 全一冊定價一元

著者 施惕君

發行者 乾乾廬

發售處 北京宣武門內後王公廠西口知義伯大院十八號

印刷者 北京琉璃廠中間崇文齋

占筮類			
1	擲地金聲搜精秘訣	心一堂編	沈氏研易樓藏稀見易占秘鈔本
2	卜易拆字秘傳百日通	心一堂編	
3	易占陽宅六十四卦秘斷	心一堂編	火珠林占陽宅風水秘鈔本
星命類			
4	斗數宣微	【民國】王裁珊	民初最重要斗數著述之一；未刪改本
5	斗數觀測錄	【民國】王裁珊	失傳民初斗數重要著作
6	《地星會源》《斗數綱要》合刊	心一堂編	失傳的第三種飛星斗數
7	《斗數秘鈔》《紫微斗數之捷徑》合刊	心一堂編	珍稀「紫微斗數」舊鈔秘本
8	斗數演例	心一堂編	
9	紫微斗數全書（清初刻原本）	題【宋】陳希夷	斗數全書本來面目；有別於錯誤極多的坊本
10－12	鐵板神數（清刻足本）——附秘鈔密碼表	題【宋】邵雍	無錯漏原版 秘鈔密碼表 首次公開！
13－15	蠢子數纏度	題【宋】邵雍	蠢子數連密碼表 打破數百年秘傳 首次公開！
16－19	皇極數	題【宋】邵雍	清鈔孤本附起例及完整密碼表 研究神數必讀！
20－21	邵夫子先天神數	題【宋】邵雍	附手鈔密碼表 研究神數必讀！
22	八刻分經定數（密碼表）	題【宋】邵雍	皇極數另一版本；附手鈔密碼表
23	新命理探原	【民國】袁樹珊	子平命理必讀教科書！
24－25	袁氏命譜	【民國】袁樹珊	
26	韋氏命學講義	【民國】韋千里	民初二大命理家南袁北韋
27	千里命稿	【民國】韋千里	
28	精選命理約言	【民國】韋千里	北韋之命理經典
29	滴天髓闡微——附李雨田命理初學捷徑	【民國】袁樹珊、李雨田	命理經典未刪改足本
30	段氏白話命學綱要	【民國】段方	民初命理經典最淺白易懂
31	命理用神精華	【民國】王心田	學命理者之寶鏡

32	命學探驪集	【民國】張巢雲	發前人所未發　稀見民初子平命理著作
33	澹園命談	【民國】高澹園	
34	算命一讀通——鴻福齊天	【民國】不空居士、覺先居士合纂	
35	子平玄理	【民國】施惕君	
36	星命風水秘傳百日通	心一堂編	
37	命理大四字金前定	題【晉】鬼谷子王詡	源自元代算命術
38	命理斷語義理源深	心一堂編	稀見清代批命斷語及活套
39-40	文武星案	【明】陸位	失傳四百年《張果星宗》姊妹篇　千多星盤命例　研究命學必備
相術類			
41	新相人學講義	【民國】楊叔和	失傳民初白話文相術書
42	手相學淺說	【民國】黃龍	民初中西結合手相學經典
43	大清相法	心一堂編	重現失傳經典相書
44	相法易知	心一堂編	
45	相法秘傳百日通	心一堂編	
堪輿類			
46	靈城精義箋	【清】沈竹礽	沈氏玄空遺珍　玄空風水必讀
47	地理辨正抉要	【清】沈竹礽	
48	《玄空古義四種通釋》《地理疑義答問》合刊	沈瓞民	
49	《沈氏玄空吹虀室雜存》《玄空捷訣》合刊	【民國】申聽禪	
50	漢鏡齋堪輿小識	【民國】查國珍、沈瓞民	失傳已久的無常派玄空經典
51	堪輿一覽	【清】孫竹田	
52	章仲山挨星秘訣（修定版）	【清】章仲山	章仲山無常派玄空珍秘門內秘本首次公開
53	臨穴指南	【清】章仲山	
54	章仲山宅案附無常派玄空秘要	心一堂編	沈竹礽等大師尋覓一生末得之珍本！
55	地理辨正補	【清】朱小鶴	玄空六派蘇州派代表作
56	陽宅覺元氏新書	【清】元祝垚	簡易・有效・神驗之玄空陽宅法
57	地學鐵骨秘　附　吳師青藏命理大易數	【民國】吳師青	釋玄空廣東派地學之秘
58-61	四秘全書十二種（清刻原本）	【清】尹一勺	玄空湘楚派經典本來面目　有別於錯誤極多的坊本